Felicia Langer

Quo vadis Israel?

Felicia Langer, in Polen geborene Jüdin, als Kind mit der Familie vor den Nazis geflohen, in der Sowjetunion den Vater verloren, nach dem Krieg frühe Heirat, mit ihrem Ehemann der Mutter nach Israel folgend, in ein fremdes Land, Jahre der Entbehrungen, Mutter werden, spätes Studium, Zulassung als Rechtsanwältin ...

Felicia Langer: eine Frau, die vor dem Unrecht nicht die Augen verschließen kann, die mit denen leidet, die nachts vertrieben, in Straflager eingesperrt, gefoltert, deportiert werden, zornig über das Unrecht, das den Palästinenserinnen und Palästinensern in den von Israel besetzten Gebieten widerfährt, beherzt für einen gerechten Frieden in Nahost kämpfend, angefeindet und bedroht von jenen, die nicht verstehen, dass sie sich um ihres eigenen Volkes willen für die Rechte des palästinensischen Volkes einsetzt ...

Die bekannte Menschenrechtsanwältin wurde an ihrem 60. Geburtstag, dem 9. Dezember 1990, mit dem Alternativen Nobelpreis, dem »Right Livelihood Award«, ausgezeichnet.

Felicia Langer

Quo vadis Israel?

Die neue Intifada der Palästinenser

Aus dem Englischen
von
Inge Presser

Lamuv Taschenbuch 307

Bitte fordern Sie unser kostenloses Gesamtverzeichnis an:
Lamuv Verlag, Postfach 26 05, D-37016 Göttingen, Telefax (05 51) 4 13 92
E-Mail info@lamuv.de
www.lamuv.de

02   03   04   05   6   5   4   3

1. Auflage 2001
Originalausgabe
© Copyright Lamuv Verlag GmbH, Göttingen 2001
Alle Rechte vorbehalten

Umschlaggestaltung: Gerhard Steidl
unter Verwendung eines Fotos aus dem Gazastreifen
von Thomas Hegenbart
Gesamtherstellung: Steidl, Göttingen
Printed in Germany
ISBN 3-88977-615-9

Inhalt

Vorwort

Naomi, noch ein Baby, ist mein viertes Enkelkind, die Tochter von Sylvie und meinem Sohn Michael. Als sie noch im Mutterleib lag, hat sie die jüdische Musik und die Lieder ihres Vaters gehört.

Wäre Naomi in der braunen Zeit geboren worden, hätte man ihre Mutter als Rassenschänderin gebrandmarkt, weil ihr Vater ein Jude und ihre Mutter eine Deutsche ist. Für uns ist Sylvie ein Symbol für das andere Deutschland, und Naomi ein Symbol für die Unhaltbarkeit von Rassenlehre und Rassenwahn.

Naomi wird einmal erfahren, dass ihre Urgroßeltern väterlicherseits im Holocaust ermordet worden sind, ihr Großvater Mieciu die Hölle von fünf Konzentrationslagern überlebte und ich, ihre Großmutter, gemeinsam mit meiner Mutter, das unsagbare Elend und Leid des Flüchtlingsdaseins überlebte und mein Vater, ihr anderer Urgroßvater, Hunger und Krankheit zum Opfer fiel.

Naomi wird später einmal auch etwas erfahren über Israel und Palästina und das traurige Schicksal von Babys und ihren Müttern und andere menschliche Tragödien an den Militärsperren und Barrikaden im von Israel besetzten Land.

Die Jahre des Leidens haben mich geprägt und auch Mieciu, meinen Mann. Meine Lehre aus dem Holocaust war und ist, angesichts jeglichen Unrechts und Verbrechens nicht zu schweigen, sondern alle Formen von Rassismus und Antisemitismus zu bekämpfen und die Würde und Rechte der Menschen, wer auch immer sie sein mögen, zu verteidigen.

Da ich mich in diesem Sinne als Teil des anderen Israels verstehe, habe ich mich für die Rechte der durch meine Heimat Israel entrechteten Palästinenser eingesetzt, für einen Frieden mit Gerechtigkeit für sie und uns und gegen all jene, für die die Lehre des Holocaust Hass, Grausamkeit und Gefühllosigkeit gegenüber dem Nachbarvolk bedeutet.

Das Leid der Palästinenser und das Mitleiden mit ihnen, das Leid der Opfer unserer katastrophalen israelischen Politik habe ich in meinen Büchern beschrieben. Ich habe immer davor gewarnt, dass diese Politik zur Explosion führen muss und dass das Maß der Unterdrückung der Palästinenser voll ist.

Als unbeliebte Kassandra, als Spielverderberin, die die Friedensidylle der Oslo-Abkommen für trügerisch und irreführend hielt, habe ich die traurige Wirklichkeit ungeschminkt geschildert.

Ich tue es mit Nachdruck auch in dem vorliegenden Buch, das auf die jüngste Erhebung des palästinensischen Volkes eingeht.

Das Leid und Schicksal der Opfer haben mich bewogen, es zu schreiben.

Der virtuelle Friede

Er ist heute Israels Außenminister in Scharons Regierung. Seinen Friedensnobelpreis hat er in den Dienst des berüchtigten Scharon gestellt, als Feigenblatt für dessen aggressive Politik. Ich spreche von Shimon Peres, dem Führer der Arbeitspartei, der unter anderem auch als Vater der atomaren Waffen Israels bekannt ist, was ihn jedoch nicht daran hindert, sich mit dem Nimbus eines Friedensengels zu schmücken.

In einem Interview mit dem *Stern* (41/1996) wurde er gefragt, wann die PLO und Israel reif für den Frieden geworden wären. Er antwortete: »... als Israel stark genug und die PLO schwach war. Als sie so schwach war, dass sie unser Partner werden konnte.«

Das Fazit: Die israelische Regierung hat einen Traumpartner bekommen, der am Boden lag, ein Schatten seiner selbst, so Peres, ein Gegenüber, das von Israel in den besetzten Gebieten direkt und undirekt kontrolliert werden kann. So wurde das Oslo-Abkommen in der Sünde der Ungleichheit und der Arroganz israelischer Macht geboren.

Das Geburtsdatum der »Prinzipienerklärung« zwischen Israel und der PLO, als Basis für eine palästinensische Autonomie für die Westbank und den Gazastreifen, ist der 13. September 1993. Am 4. Mai 1994 wurde in Kairo die erste Stufe des Abkommens vereinbart, genannt »Gaza Jericho zuerst«. Dieses Interimsabkommen sollte für einen Zeitraum von fünf Jahren und als Vorbereitung für Verhandlungen über eine endgültige Regelung gelten.

Am 18. Mai 1994 schloss Israel die Verlegung seiner Militärstützpunkte im Gazastreifen ab, und die Palästinensische Nationale Autorität (PNA) erhielt die Machtbefugnis auf etwa 60 bis 65 Prozent des Gazastreifens. Der Rest ist noch besetztes Gebiet. Was den Gazastreifen betrifft, so leben auf 360 Quadratkilometern rund eine Million Einwohner. Dieses Areal gehört folglich zu den am dichtesten besiedelten Regionen der Erde. Zirka 400 000 Einwohner sind Flüchtlinge, die im Elend leben. Und: Im Gazastreifen gibt es 19 völkerrechtswidrige israelische Siedlungen mit zirka 6 000 Siedlern.

Einem Bericht zufolge, den das *Palästinensische Zentrum für Menschenrechte* 1999 herausgab, »nehmen die Siedlungen an die 9 250 Acre (37,4 Quadratkilometer – über ein Zehntel) des gesamten Areals des Gazastreifens für sich in Anspruch. Der Rest besteht aus 42 000 Acre bebaubaren Landes, 14 000 Acre bewohnten Gebiets und etwas weniger als 26 000 Acre unfruchtbaren Landes und Sanddünen«.

Dem Bericht zufolge betrug der Wasserverbrauch der 6 000 Siedler über 30 Millionen Kubikmeter, verglichen mit dem durchschnittlichen Jahresverbrauch von 110 bis 130 Millionen Kubikmetern der eine Million Bewohner des Gazastreifens während der letzten fünf Jahre.

Der Gazastreifen ist von einem hohen Zaun umgeben. Er wird Tag und Nacht bewacht und von israelischen Truppen patrouilliert, im Süden von ägyptischen Soldaten. Entlang der Küste fahren im Mittelmeer israelische Kanonenboote Tag und Nacht Patrouille.

Die israelischen Streitkräfte haben sich an strategischen Orten des Gazastreifens neu formiert und ihn damit von Ägypten, Israel und der Mittelmeerregion abgeschnitten. Besonders negativ ist, dass Gaza auch von der Westbank abgetrennt wurde. Ohne Genehmigung kann man den Gazastreifen weder betreten noch verlassen. Dies hat Israel die Möglichkeit gegeben, das Autonomiegebiet weiterhin militärisch, ökonomisch und letztendlich auch politisch zu beherrschen.

Gaza ist heute nichts anderes als ein Gefängnis, zu dem Israel den Schlüssel besitzt. Das konnte ich schon 1996 feststellen – und nicht nur ich –, als mein Versuch Gaza zu besuchen, scheiterte.

»Du hast doch sicher deine Champagnerflasche entkorkt, Felicia«, sagte damals eine israelische Journalistin zu mir, die mit mir ein Interview machte. Sie meinte, dass ich doch seit Jahren für den Frieden gekämpft hätte, aber jetzt, jetzt sei der Friede da. Ich bedankte mich für diese späte und rare Anerkennung aus meiner Heimat, doch ich bedauerte es sehr, die Journalistin enttäuschen zu müssen.

Ähnlich erging es mir mit vielen friedensbewegten Freunden in Deutschland während meiner Veranstaltungen und Interviews. Ich war so etwas wie eine Spielverderberin, weil ich die politische Entwicklung, die die meisten so sehr begeisterte, völlig nüchtern und negativ eingeschätzt habe.

Das Oslo-II-Abkommen wurde am 28. September 1995 feierlich in Washington unterzeichnet. Der Kern des Abkommens, offiziell »Israelisch-Palästinensisches Interimsabkommen über die Westbank und den Gazastreifen« genannt, sollte die Autonomie auf die Westbank ausdehnen. Dazu wurde die Westbank in drei Zonen aufgeteilt, worauf ich noch eingehen werde.

Shimon Peres, der die Machtverhältnisse plastisch schildern wollte, sagte damals, dass Israel mit sich selbst verhandelt hätte. Die Ergebnisse für die Palästinenser waren dementsprechend negativ. Ehud Barak, der damalige Innenminister meinte, dass dieses Abkommen »Israels absolute Übermacht in militärischer und wirtschaftlicher Hinsicht« gewährleiste.

Die Veränderungen in den völkerrechtswidrigen Siedlungen, die auf enteignetem palästinensischen Boden gebaut wurden, können als Maßstab für diese »Übermacht« dienen: 1991, am Anfang der Friedensgespräche, lebten in der Westbank und im Gazastreifen 92 000 jüdische Siedler, heute sind es schon 200 000.

Im besetzten Ostjerusalem leben darüber hinaus rund 200 000 Siedler.

Was für ein System herrscht in den besetzten Gebieten hinsichtlich der Siedler und der Palästinenser?

Eitan Fellner analysiert es in *Le Monde Diplomatique* im November 1999 folgendermaßen: »Indem der Staat Israel den Siedlern die gleichen Rechte gewährt wie seinen Staatsbürgern, produziert er Segregation und Diskriminierung. Zwei verschiedene Volksgruppen, die in ein und demselben Gebiet leben, unterstehen verschiedenen Rechtssystemen: Für die Palästinenser gilt das Militärrecht, und sie werden in der Regel von Militärgerichten abgeurteilt, während für Israelis, die die gleichen Straftaten begangen haben, die zivile israelische Gerichtsbarkeit zuständig ist. Jüdische Siedler genießen die gleichen Rechte wie Juden in Israel: uneingeschränkte Bewegungsfreiheit, Meinungs- und Organisationsfreiheit, Stimmrecht bei den (israelischen) Kommunal- und Parlamentswahlen, Anspruch auf die Leistungen der Sozialversicherung, des Gesundheitssystems und so weiter. Für Palästinenser, die vielleicht nur ein paar hundert Meter entfernt von den Siedlungen wohnen, wird dagegen die Bewegungsfreiheit stark eingeschränkt. Sie haben nicht die Möglichkeit, durch Wahlen die Macht der Besatzungsarmee zu beschneiden, und sie haben keinen Anspruch auf israelische Sozialleistungen. Auf Afrikaans nannte man dieses System Apartheid.«

In einem Interview für die Zeitung *Wissenschaft und Frieden* wurde ich 1999 vom Politologen Klaus Fischer zu meiner Meinung zu den Abkommen vor und nach 1993 befragt. Die Antworten spiegeln meine Haltung bis dato wieder:

Felicia, als 1993 in Washington die Nachricht vom Durchbruch in den geheimen Verhandlungen zwischen Israel und der PLO in Oslo bekannt wurde, äußerte nach »Newsweek« ein israelischer Diplomat: »Das ist so unwirklich. Als Nächstes werden wir hören, dass Rabin und Arafat sich mit Elvis Presley in einem UFO treffen.« Es wurde in weiten Teilen der Öffentlichkeit wie ein Wunder betrachtet, und es herrschte bei vielen eine geradezu euphorische Stimmung. Wenn ich mich richtig erinnere, warst du damals sehr zurückhaltend und eher skeptisch bis kritisch. Hat sich diese Haltung bei dir im Laufe der Zeit verfestigt? Sind deine eher negativen Erwartungen erfüllt worden, oder ist damals trotz aller Widrigkeiten auch eine positive Entwicklung auf den Weg gebracht worden?

Ich war damals wirklich gleich sehr skeptisch, habe aber auch gesagt, dass ich mich in diesem Fall gerne irren würde, aber leider habe ich mich nicht geirrt. Alle meine Befürchtungen traten ein. Meine frühe Skepsis beruhte darauf, dass ich sehr schnell feststellen musste, dass in der »Grundsatzerklärung« von damals die wichtigsten Fragen ausgeklammert worden waren: die Wasserfrage, die Souveränitätsfrage, die Flüchtlingsfrage, die Fragen der Landnahme, der Siedlungen und die Frage Jerusalems.

Es gibt keine Vertragsklausel, die klar feststellt, dass die Siedlungen völkerrechtswidrig sind. Und nicht nur das: Ich habe gleich bemerkt, dass das Völkerrecht völlig vernachlässigt wurde. Man sprach zwar UNO-Resolutionen an, aber in einer ganz und gar unverbindlichen Weise.

Und es war und ist doch bekannt, dass Israel die UNO-Resolution 242 nicht völkerrechtlich interpretiert. Für Israel bedeutet sie nicht, dass die besetzten Gebiete geräumt werden müssen. Auch die Ungleichheit war für mich sofort offensichtlich: Die PLO erkannte Israel an, aber Israel erkannte nicht die Rechte der Palästinenser an, sondern die PLO als Vertreterin der Palästinenser. Peres sagte schon damals: »Bei uns hat sich nichts geändert, die PLO hat sich geändert. Wir verhandeln mit dem ›Schatten‹ der PLO.«

Als ich das hörte, war ich überzeugt, dass die israelische Regierung die Politik der vollendeten Tatsachen fortführen würde, ihre Siedlungspolitik, nun aber mit einer Art »Segen« der Palästinenser, einer Art »Legitimierung« durch sie. Als ich das in Betracht gezogen hatte, hatte ich Ängste, und ich wusste, dass es keine positive Dynamik geben wird. Deshalb glaube ich bis heute nicht, dass etwas wesentlich Positives passiert ist. Und jedes weitere Abkommen – Oslo II, danach Hebron (die Teilung der Stadt war im Januar 1997 die Folge), Wye und Sharm El Sheik –, man hat dieselbe Ware drei-, viermal verkauft.

Abkommen nach Abkommen, eine Kette von Interimsabkommen, das alles verbesserte nicht die Situation, weil die Grundlagen, nämlich das Selbstbestimmungsrecht der palästinensischen Bevölkerung und das Völkerrecht, überhaupt nicht in Betracht gezogen wurden. Die Maxime, die die Grundlage der UNO-Resolution 242 bildet, dass nämlich Landerwerb durch Krieg unzulässig ist, wurde von Israel total abgelehnt, und die PLO hat sich dazu nicht geäußert. Ich weiß, dass man nichts rückgängig machen kann und dass es auch total unsinnig wäre, aber wenn der bisher beschrittene Weg in der gleichen Weise fortgesetzt wird, dass nämlich Israel diktiert und die Palästinenser zustimmen – dazu mit dem Applaus des Auslandes und alles so schön wie möglich verkauft wird – kann das nicht zum Frieden führen.

In den letzten Wochen wurde – auch von offizieller palästinensischer Seite – der Eindruck vermittelt, dass nun mit dem neuen Ministerpräsidenten Barak innerhalb eines Jahres alle noch offenen Fragen geregelt werden könnten. Wie schätzt du den Unterschied zwischen den Regierungen Netanjahu und Barak beim Herangehen an die zu lösenden Probleme ein? Eröffnen sich nun mit Barak nach der langen Zeit des Stillstandes neue Chancen für reale Fortschritte?

Es ist wirklich schade, dass dieser Eindruck von offizieller palästinensischer Seite erweckt wird. Das ist jedenfalls nicht die Meinung des »Mannes auf der Straße«, und es ist auch nicht die Meinung der Friedenskräfte in Israel, insbesondere nicht derjenigen, die Frieden mit Gerechtigkeit wollen. Deren

Meinung ist total anders, sie sind der Meinung, dass wir zurzeit nur Augenwischerei und Austricksungsmanöver vonseiten Baraks erleben. Diese ständigen Interimsphasen seiner Politik sollen bis zur Unendlichkeit ad infinitum weitergehen. Nach dem Sharm-El-Sheik-Abkommen hat Barak eine Erklärung abgegeben, dass die große Siedlung Maale Adumim, nicht weit von Jerusalem, die jetzt schon 25 000 Einwohner hat, Teil von Jerusalem und weiter ausgebaut werden wird. Die »Taube« in der Regierung Barak, Chaim Ramon, hat gesagt, wir werden möglicherweise innerhalb eines Jahres Rahmenbedingungen schaffen, aber bis zum Ende kann es auch zehn Jahre dauern, und während der zehn Jahre wird unsere »Politik der natürlichen Entwicklung der Siedlungen« – eine Orwellsche Sprache übrigens – weitergehen. Barak hat klar gesagt, dass die Siedlungen als Blöcke weiter unter israelischer Souveränität bleiben werden, das heißt, man muss diese Gebiete annektieren.

Dazu auch ein paar Zahlen zur Siedlungspolitik unter Barak: In der Zeit zwischen dem 17. Juni und dem 12. August dieses Jahres (1999) gab es nach Informationen der angesehenen palästinensischen Menschenrechtsorganisation *Law* Siedlungsaktivitäten wie Landplanierungen, Konfiskationen von Land, Rodungen und den Beginn von Neubauten auf einer geschätzten Gesamtfläche von 1179 Hektar palästinensischen Landes. In diesem Zeitraum wurden außerdem 5116 Wohneinheiten zum Bau ausgeschrieben und 770 Bäume gerodet. All das macht die Barak-Regierung.

Du siehst, sie reden von Frieden, und sie tun gleichzeitig alles, um den Frieden unmöglich zu machen. Wenn man das nicht sieht, wenn man von diesen Dingen abstrahiert und eine illusorische, eine virtuelle Situation beschreibt, dann ist das kontraproduktiv, denn ohne internationalen Druck und Solidarität mit der palästinensischen Bevölkerung wird man auch keinen Frieden erringen können.

Schon 1993 wurde von manchen palästinensischen Politikern Gaza als ein mögliches »Hongkong« oder »Singapur« des Nahen Ostens der Zukunft gesehen...

Die reale Situation ist anders. Bis hin zur Zerstörung palästinensischer Häuser ist alles beim Alten geblieben, auch unter Barak. Aber seine Worte sind schöner, und es wird Verhandlungen geben, einen Prozess ohne Frieden, keinen wirklichen Friedensprozess. Barak ist nicht wie Netanjahu, er ist viel geschickter. Aber manchmal nennt man ihn schon Barakjahu, um auf die Ähnlichkeiten der politischen Substanz hinzuweisen.

Was hat man mit dem Sharm-El-Sheik-Abkommen (vom 5. September 1999 – Umsetzung des Wye-Abkommens, das heißt der Umgruppierung der Armee) gemacht? Man hat dort abgesichert, was man im Wye-Abkommen vom Oktober 1998 vereinbart hat. Was hat man im Wye-Abkommen vereinbart? Man hat dort abgesichert, was man im Oslo-II-Abkommen vom 28. September 1995 vereinbart hatte. Das heißt nichts anderes, als dass man dieselbe Ware mehrmals verkauft.

Es gibt keine wirklich positiven Ergebnisse. Wenn die israelische Regierung die Haltung einnimmt, dass die Flüchtlinge kein Recht auf Rückkehr haben, wenn sie sagt, dass sie die besetzten Gebiete nicht räumen wird und die meisten Siedlungen bleiben und zu Blöcken miteinander verbunden werden, wenn Israel über das Wasser auf eine abstrakte Weise spricht, obwohl es noch 83 Prozent des Wassers kontrolliert und sich 80 Prozent des Wassers der Westbank nimmt, wenn man sagt, dass Jerusalem für immer und ewig nur Hauptstadt Israels sein wird und nicht auch von Palästina, wenn man die Häuser weiter zerstört, wenn man weiter die Siedlungen ausbaut – wenn man all dies tut, welche Atmosphäre von Frieden erzeugt man dann?

Die Palästinenser leben in Bantustans, und daran hat sich nichts geändert. Wenn man zum Beispiel über sieben Prozent Land spricht, das man jetzt den Palästinensern »gegeben« hat, dann muss man sich vor Augen führen, dass es Land ist, das man von solchem der Zone C, das unter voller Kontrolle Israels ist, in solches der Zone B umgewandelt hat. Und Zone B ist unter dualer Kontrolle, aber Israel hat auch hier die totale Kontrolle in Sicherheitsfragen, und das heißt, Israel herrscht weiter, das israelische Militär ist weiter präsent, alles geht dort weiter wie bisher.

Lass mich das mit den Zonen erklären: Es gibt zum Beispiel die so genannte Zone A unter palästinensischer Oberhoheit, das sind die Städte mit Ausnahme Jerusalems. Hebron wurde in zwei Zonen geteilt. Dort leben 120 000 Palästinenser und 400 Siedler, die 20 Prozent von Hebron zugeteilt bekommen haben, plus 35 000 bis 40 000 Palästinenser, die unter direkter israelischer Besatzung leben. So hat man eine Pufferzone geschaffen. Wer bei der autonomen Zone A aus- und einreisen darf und was ex- und importiert wird, das bestimmt Israel. In der Zone B hat Israel das Sagen in Sicherheitsfragen, während die Palästinenser die zivilen Fragen regeln. In der Zone C, die mehr als 60 Prozent des Landes umfasst, hat Israel weiterhin alle Rechte.

Wenn Israel die Gebiete, die den Bantustans in Südafrika ähnlich sind, abriegelt, werden sie zu einem Gefängnis. In Zone C gibt es für Palästinenser keine Baugenehmigung, und man zerstört Häuser, die ohne Baugenehmigung gebaut worden sind. Nach Verwirklichung des Sharm-El-Sheik-Abkommens im Jahr 2000 wird Zone A unter palästinensischer Autorität etwa 18,1 Prozent des Territoriums umfassen. Das ist alles. Das sind im Wesentlichen die Städte und die Ortschaften, viele von ihnen ohne territorialen Zusammenhang.

Wenn das Land abgeriegelt wird, dann sind diese Städte Gefängnisse. Schau dir die aktuelle Karte an: Palästina ist ein Flickenteppich. Schau dir die Umgehungsstraßen für die Siedler an: Man hat sie auf enteignetem palästinensischem Boden gebaut, und sie verbinden die Siedlungen untereinander und mit Israel selbst.

Das alles geht zum größten Teil auf die Regierungszeit der Arbeitspartei zurück. *Le Monde diplomatique* hat eine Statistik veröffentlicht über die Zeit vor Netanjahus Likud-Regierung: »In den vier Jahren von Juni 1992 bis Mai 1996 ist die Zahl der Siedler im Westjordanland und im Gazastreifen um 49 Prozent, das heißt um 49 000 auf 150 000 gestiegen. 50 000 neue Bewohner ließen die Zahl der jüdischen Einwohner im annektierten Ostjerusalem um 33 Prozent auf 200 000 anwachsen. Über 100 Siedlungen hatten einen Einwohnerzuwachs, 13 einen Rückgang zu verzeichnen. Die Arbeitspartei hat also der Regierung Netanjahu die Struktur der Siedlungen in stabilerer Verfassung ausgehändigt, als sie selbst sie einmal übernommen hatte, und zwar in politischer wie in geographischer und in baulicher Hinsicht.«

Das war alles vor Netanjahu. Das waren die Friedensnobelpreisträger Rabin und Peres. Als Juristin konnte ich damals nicht begreifen, wie man mit Israel ein Abkommen unterschreiben konnte, ohne die Frage der Siedlungen zu regeln. Das hat man in Wye nicht gemacht und jetzt auch nicht. Und Netanjahu hat weitergebaut, und Barak macht es auch weiter so und bekommt international eine kolossale Unterstützung für seine »Friedenspolitik«.

Wenn du mir so ungeschminkt die Lage der Palästinenser schilderst, dann gewinne ich den Eindruck, dass ihre Lage letzten Endes heute hoffnungsloser ist als zur Zeit der Intifada vor zehn Jahren. Was müsste denn deines Erachtens geschehen, damit es zu einem Friedensprozess kommt, der diesen Namen wirklich verdient?

Sicher, die Lage der Palästinenser ist heute ziemlich hoffnungslos, denn auch die Opposition ist total gelähmt. Es gibt keine Demokratie, es gibt Menschenrechtsverletzungen durch die Autonomiebehörde, durch ihre Sicherheitskräfte. Es gibt acht oder mehr Geheimdienste in Palästina – die genaue Zahl kenne ich gar nicht. Ich bekomme von *amnesty international* Berichte, die beschämend sind, zum Beispiel über Folterungen. Sie haben von uns gelernt, aber auch von den arabischen Ländern. Das ist ein Konglomerat. Und sie stehen unter israelischem und US-amerikanischem Druck, die Opposition zu zerstören. Das ist doch mal wieder diese doppelte Moral der USA.

Die Palästinenser haben einen Sicherheitsgerichtshof errichtet. Das Gericht ist noch schlimmer als unsere israelischen

Militärgerichte, die schlimm genug sind und die ich jahrelang bekämpft habe. Es gibt keine Demokratie und keine Pressefreiheit. Und in so einer Situation mit schlechten ökonomischen Aussichten, hoher Arbeitslosigkeit, in der Israel weiterhin alles entscheidet, einer Situation, die gleichzeitig durch Nepotismus und Bestechung gekennzeichnet ist, gedeiht der Nährboden für Fundamentalismus und für Anschläge. Das ist ein Teufelskreis. Doch die Welt schweigt, es werden Zweckoptimismus und Illusionen verbreitet, und deshalb entsteht auch kein Druck auf Israel. Auf diese Art wird alles so weitergehen wie in den letzten sechs Jahren.

Aber zu deiner Frage: Eine friedliche und gerechte Lösung wäre möglich. Voraussetzung dafür ist, dass Israel die seit 1967 besetzten Gebiete komplett räumt, auch seine Siedlungen. Ein unabhängiger und lebensfähiger palästinensischer Staat muss mit Ostjerusalem als Hauptstadt errichtet werden. Und es muss die Flüchtlingsfrage – der UNO-Resolution 194 entsprechend – gelöst werden, das heißt mit der Anerkennung ihres Rechtes auf Rückkehr.

Eine solche Lösung ist aber nur möglich ohne israelische oder US-amerikanische Dominanz, Hegemonie und Überheblichkeit.

Damit das geschehen kann, muss weltweit die internationale Solidarität mit dem palästinensischen Volk und mit denjenigen in Israel, die Frieden mit Gerechtigkeit wollen und sich dafür einsetzen, entwickelt und verstärkt werden. Nur auf diesem Wege kann auch ein entsprechender und notwendiger Druck auf Israel ausgeübt werden, der eine friedliche und gerechte Lösung ermöglicht. Dafür werde ich mich bis zum letzten Atemzug engagieren.

Zwei Jahre sind seit diesem Interview vergangen. Jetzt ist dieses Engagement dringlicher denn je. Es ist buchstäblich zu einer Frage von Leben oder Tod geworden.

50 Jahre Israel, ein Grund zum Feiern?

»50 Jahre Israel, 50 Jahre Leid der Palästinenser« – so lautete der Titel meiner Veranstaltungsreihe im Jahr 1998.

Am 12. April 1998 habe ich eine Faxnachricht von Hannah Friedman aus Jerusalem bekommen. Sie ist Leiterin der Organisation *Das öffentliche Komitee gegen die Folter in Israel.* Sie benachrichtigte mich, dass die große Frauenzeitschrift *DU* mich als »eine der 50 bedeutendsten Frauen, aus denen sich das Mosaik der israelischen Gesellschaft zusammensetzt«, gewählt hatte. Meine Kollegin, die Menschenrechtsanwältin Leah Tsemel, hat eine Art Laudatio dazu geschrieben. (Siehe Seite 169)

»Ich bin stolz auf dich«, schrieb Hannah, »und auf die Tatsache, dass nach 50-jährigem Bestehen des Staates Israel eine Zeitschrift wie *DU* verstanden hat, was für eine Pionierarbeit du auf dem Feld der Menschenrechte in unserem Land geleistet hast. Wir, die KämpferInnen für die Menschenrechte und die Organisationen von heute, ernten die Früchte der Pflanzen, die du gesät hast, in der Wüste, in schrecklicher Einsamkeit, nah am Verzweifeln. Heute sind wir einen Schritt weitergekommen.«

Ich habe mich sehr gefreut und war auch angenehm überrascht. Bei Hannah und Leah Tsemel habe ich mich herzlich bedankt.

Nach Erhalt der Zeitschrift musste ich feststellen, dass ich auf derselben Seite wie Golda Meir erschien. Diese mir unangenehme Nachbarschaft war jedoch alphabetisch bedingt. Die Zeitschrift, die als unpolitisch gilt, hat das Projekt »50 JAHRE – 50 FRAUEN« mit folgender Einführung begleitet: »Der 50. Unabhängigkeitstag bietet eine ausgezeichnete Gelegenheit, alle die Frauen lobend zu erwähnen (und es gibt ihrer viele), ohne die der Staat Israel nicht derselbe (Staat) wäre. Die Redaktion von *DU* wählte 50 Frauen aus, die sich auszeichneten, die einen Durchbruch schafften oder zu einem Symbol wurden, kurzum: Frauen, die der israelischen Existenz ihren Stempel aufdrückten.«

Offenbar hat sich doch etwas bei uns geändert, wenigstens bei manchen, dachte ich. Dies habe ich auch in einem Interview, das ich der Zeitung *Ma'ariv* gab, erfahren. Alle, auch der Interviewer, waren fair, sogar wohl wollend. Selbst gegen den Titel »Felicia Langer kämpft weiter« war nichts einzuwenden, obwohl ich gerade auch in diesem Interview die israelische Politik angeprangert hatte.

Doch die düsteren Nachrichten aus den besetzten Gebieten ließen mir keine Zeit, mich zu freuen. Israel feierte sein 50-jähriges Bestehen, die Palästinenser gedachten ihrer Vertreibung. Und die israelische Regierung erlaubte es ihnen nicht, zu demonstrieren und zu trauern. Und wenn es jemand doch wagte, dann war die Kugel die Antwort. Die Palästinenser beklagten und verurteilten das israelische Vorgehen, und ich erlebte, dass sich die traditionelle israelische Haltung nicht geändert hatte. Die Zeitschrift *Rechte des Volkes*, herausgegeben von der palästinensischen Menschenrechtsorganisation *Law* (Recht) schrieb im Juni 1998:

»Der Monat Mai 1998 ging im israelischen Kugelhagel zu Ende, und noch mehr Blut der Palästinenser wurde vergossen. Sie gaben den israelischen Unabhängigkeitsfeiern und den Klagen der Palästinenser über die *Nakbah* (Katastrophe) ihre besondere Note.

Im Mai feierte das israelische Volk seinen fünfzigsten Jahrestag. Es organisierte zweitausend Feiern und ließ den Himmel mit Feuerwerk erstrahlen. Sein Präsident flog nach Polen, um sich ein Konzentrationslager des Holocaust anzusehen, und er kehrte in Frieden zurück. Jenseits der Besatzungsgrenze beklagten die Palästinenser den Verlust ihres Heimatlandes. Sie gingen auf die Straßen hinaus, um die Welt an die Katastrophe zu erinnern. Der Tyrann verbot dem Opfer, Erleichterung zu finden von dem qualvollen Leid der Vergangenheit. Das Recht, sich gemeinsam ihrer *Nakbah* zu erinnern, wurde den Palästinensern nicht eingeräumt. Die Israelis holten ihre Gewehre hervor und schossen auf die unbewaffneten Zivilisten, ungeachtet ihrer friedlichen Beweggründe. Sie waren nur auf die Straßen hinausgegangen, um eine Fahne zu tragen und für das Recht auf ihre Heimat ihre Stimme zu erheben.

Die Geschehnisse im Mai offenbaren den Rassismus, der das Antlitz des israelischen Premierministers und des rechten israelischen Lagers prägt. Netanyahu wagte es, ins Ausland zu fahren, um den Holocaust zu beklagen, während er gleichzeitig den Palästinensern das Recht absprach, über die eigene Katastrophe zu trauern, über den Verlust ihrer geliebten Väter, Mütter, Schwestern, Brüder, deren Leben zerstört wurde und immer noch durch israelische Massaker zerstört wird.«

Die Demonstrationen waren friedlich, doch dies hat nichts genutzt...

Ich sagte in meinen Vorträgen: Solange es solch eine Unterdrückung der Palästinenser in den noch immer besetzten Gebieten gibt, solange Frieden nur ein leeres Wort ist und als Deckmantel für Grausamkeit dient, solange gibt es auch keinen Grund zum Feiern.

Begegnungen

Vom 7. bis zum 10. Juni 1998 organisierte die palästinensische Menschenrechtsorganisation *Law* eine internationale Konferenz unter dem Motto »50 Jahre Menschenrechtsverletzungen und Enteignung der Palästinenser«. Friedensgruppen aus Israel und Anwälte, welche die Rechte der Palästinenser verteidigen, wie auch ich wurden eingeladen.

Bei der Landung in Lydda erlebte ich noch einmal die Berührung der warmen Brise, die mich immer an mein früheres Leben in Israel erinnert. Auf dem Weg nach Jerusalem, auf dem ich 23 Jahre lang jeden Morgen gefahren war, kam für einen Augenblick die Vergangenheit zurück.

Aber das Hier und Jetzt überlagerten alles. Die Gedanken, ob die Palästinenser, meine ehemaligen Mandanten, mich noch in Erinnerung haben, ob sie mich erkennen würden, beschäftigten mich sehr. Seit Jahren arbeite ich nicht mehr als Anwältin, bin so weit weg von ihnen und komme nur gelegentlich nach Israel-Palästina.

Die Konferenz fand im »Hotel Ambassador« in Ostjerusalem statt. Der Ort ist mir bekannt, fast vertraut. In den sechziger Jahren, und auch danach, war hier eine israelische Militärbehörde stationiert. Ein Hotel war zur Besatzungsbehörde umfunktioniert worden.

Das besetzte Ostjerusalem ist für mich das Symbol für Enteignung geblieben. Hier habe ich schon 1968 die Enteignung und Vertreibung mit eigenen Augen gesehen. Ich habe an vielen Konferenzen und Kongressen teilgenommen, doch dieses Mal war es etwas Besonderes: eine zeitweilige Rückkehr zu meinem Ursprung. Nein, sie haben mich nicht vergessen, meine ehemaligen Mandanten und auch andere nicht. Die Liebe und Dankbarkeit von vielen haben mich überall begleitet und mir glückliche Augenblicke beschert.

Palästinensische Bauern, die gegen die völkerrechtswidrige Enteignung ihres Landes gekämpft hatten, waren zur Konferenz eingeladen worden. Ein Bauer, für dessen Land ich mich 1972 gegen die Siedlung Gusch Etzion eingesetzt hatte, wollte mich in sein Dorf einladen, aber dafür war leider keine Zeit. Er erinnerte sich daran, wie man ihn schlagen wollte und wie ich ihn verteidigt hatte. »Wir werden dich, Felicia, nie im Leben vergessen«, sagte er.

Die Bauern aus dem großen Dorf Salfit, deren Land man 1978 für die jüdische Siedlung Ariel enteignet hatte, waren auch auf der Konferenz. Einen Teil ihres Landes habe ich damals retten können. Einer der Aktivisten, die sich für das Land eingesetzt hatten, war Khamis Hamed aus Salfit. Unsere Begegnung war herzlich, und er lachte: »Wie schön, dass du mich sofort erkannt hast. Mein Freund hat mit mir gewettet, dass du mich nicht erkennen wirst. Weißt du, dass man das Land, das wir in den siebzigen Jahren gerettet haben, 1995 enteignet hat?« Für den »Frieden«, sagte er mit Bitterkeit, und »die Lage ist so schlecht, fast zum Verzweifeln«.

Der Bauer Abdallah Baschir aus dem Dorf Dschin Safout, der für sein Land mit meiner juristischen Hilfe wie ein Löwe gekämpft hatte, war auch gekommen. Er erzählte mir, dass man jetzt 300 Hektar für eine Umgehungsstraße für die Siedler enteignen wollte. »Die besetzten Gebiete haben sich im Laufe des *Friedensprozesses* geändert«, sagte einer der Bauern, »aus palästinensischem Gebiet mit israelischen Siedlungen sind sie zum israelischen Gebiet mit palästinensischer Bevölkerung geworden. (...) Aber das Wichtigste ist, dass es einen Prozess gibt.«

Verschiedene Teilnehmer berichteten auch über Folterungen, Administrativhaft ohne Gerichtsverfahren, über Tausende Palästinenser, die noch in Haft sind, und über die Not der Flüchtlinge. Sie machten deutlich, wie ernst die Lage ist.

Die *Palästinensische Nationale Autorität* (PNA – auch *Palästinensische Autorität* oder *Palästinensische Autonomiebehörde* genannt) und die Menschenrechtssituation in den autonomen Gebieten haben auf der Konferenz keine guten Noten bekommen. Dr. Haidar Abdel Schafi – einst Leiter der palästinensischen Delegation bei den Friedensgesprächen in Madrid – hat im Gespräch mit mir die PNA heftig kritisiert und auch die Art ihrer Verhandlungen mit Israel.

Ich habe zugehört und mich gefragt: Wie lange kann das palästinensische Volk dies dulden und schweigen? Sind das die Früchte des Friedens?

Ich habe den Beginn meiner Rede sehr persönlich gehalten: Während all dieser langen Jahre, ja bis zum heutigen Tage, habe ich den Schmerz, das Leiden und den Zorn des vertriebenen und enteigneten palästinensischen Volkes in mir getragen.

Der historische Überblick, den ich in meiner Rede gab, war sehr traurig, weil ich auf die miterlebten Jahre der Unterdrückung und des Leidens der Palästinenser von 1967 bis heute einging, als eine Zeit- und Leidenszeugin.

»Der Frieden der Mutigen, so wie ihn Arafat nannte, hat den Palästinensern den Bulldozer gebracht, der die palästinensischen Häuser zerstört und vollendete Tatsachen mit Siedlungen und Umgehungsstraßen für die Siedler schafft«, sagte ich. Ich habe auch die Menschenrechtsverletzungen in der Autonomie verurteilt.

Am Ende wies ich auf die zahlreichen UNO-Resolutionen hin, die Israel mit der beispiellosen Unterstützung der USA seit vielen Jahren missachtet, und stellte fest, dass Israel ein Weltmeister im Verstoßen gegen das Völkerrecht ist.

Dies war 1998. Heute, während ich diese Zeilen schreibe, hat Israel sogar noch eine höhere Stufe in dieser Weltmeisterschaft erreicht.

Rafik, ein kleines Baby, abwechselnd von verschiedenen jungen Frauen getragen, hat mein Herz erobert. Große schwarze Augen, ein weißes Gesichtchen und ein herzliches Lächeln, so wie nur ein Baby lachen kann. Ich habe mit seinen kleinen Händchen gespielt, und er ist mir mit strahlendem Gesicht begegnet und hat mir sein Lächeln geschenkt. Zuletzt sah ich Rafik mit seiner Mutter, und er hat mir wieder zugelächelt.

Die Mutter, eine Frauenaktivistin, freute sich, dass mir ihr Sohn so gut gefiel. Sie hatte seit Jahren viel von mir und meiner Tätigkeit gehört. »Du siehst, Felicia«, sagte sie zu mir, »der kleine Rafik ist schon neun Monate alt, aber er besitzt noch keine gültige Geburtsurkunde. Mein Mann hat einen Ausweis als Einwohner von Jerusalem, wo wir wohnten, aber wir sind nicht mehr in Jerusalem, sondern in einem Nachbardorf. Die zuständige israelische Behörde will Rafik nicht als Einwohner von Jerusalem registrieren. Sie wollen doch so wenige Palästinenser wie möglich als Einwohner von Jerusalem haben.«

Ich konnte ihr leider nicht helfen.

Rafik, der mir durch Zufall begegnet war, ist nicht der Einzige mit solch einem Schicksal. *B'Tselem*, das Israelische Informationszentrum für Menschenrechte in den besetzten Gebieten, und *Hamoked*, das Zentrum zur Verteidigung des Individuums, haben eine Studie über die israelischen Maßnahmen gegen die Palästinenser in Ostjerusalem veröffentlicht. Hierin wird die israelische Politik der »Entpalästinisierung« von Ostjerusalem analysiert. Das Ziel ist, eine ausschlaggebende Mehrheit der Juden zu erzielen, das so genannte »demographische Gleichgewicht« in Ostjerusalem. Erreicht werden soll das zum Beispiel durch »die systematische und absichtliche Diskriminierung von Palästinensern hinsichtlich der Landenteignung, des Planens und Bauens, während gleichzeitig in den jüdischen Vierteln von Ostjerusalem ständig gebaut und extensiv investiert wird. Das Ergebnis ist, dass Tausende von Wohnungen für die Palästinenser fehlen und viele Bewohner keine andere Wahl haben, als die Stadt zu verlassen, um ihr Wohnungsproblem zu lösen«, so *B'Tselem* im September 1998 in der Studie »Entzug des Wohnrechts und Verweigerung der sozialen Rechte der Ostjerusalemer Palästinenser – Die heimliche Deportation wird fortgesetzt«.

Und wer anderswo wohnt, weil ihn die Wohnungssituation dazu gezwungen hat, oder wer nicht beweisen kann, dass Jerusalem das Zentrum seines Lebens ist, verliert seinen Status als Einwohner der Stadt.

Eine andere Methode ist die Weigerung, Kinder, bei denen nur ein Elternteil Bürger von Ostjerusalem ist, im Einwohnermeldeamt zu registrieren. Das Ministerium lehnt es auch ab, Identitätsnummern auszugeben, selbst dann, wenn es anerkennt, dass die Familie in Jerusalem lebt. Ich weiß nicht, ob überhaupt oder wie Rafik später registriert worden ist. Ich weiß nur – und das schon seit Jahren –, dass die israelische Polizei in Ostjerusalem rassistisch ist. Sie verletzt das internationale Recht und ruft Hass- und Rachegefühle hervor.

Die Konferenz im Sommer 1998 ging zu Ende mit einer Demonstration in Silwan, einem palästinensischen Wohnviertel in Ostjerusalem, in dem die israelischen Siedler die Palästinenser verdrängen und enteignen (mehr dazu in meinem Buch »Lasst uns wie Menschen leben, Göttingen 1999, Seite 144 ff.). Die friedliche Demonstration, mit ausländischen Teilnehmern der Konferenz, unter ihnen auch der bekannte amerikanisch-jüdische Politologe Norman Finkelstein und israelische Friedensgruppen, wurde mit der Brutalität der Siedler und der Polizei konfrontiert.

Die *Jerusalem Times* berichtete am 12. Juli 1998, »dass palästinensische Bewohner von Silwan mit jüdischen Siedlern zusammengestoßen waren, nachdem die Siedlergruppe Elad dort in den frühen Morgenstunden vier Häuser besetzt hatte. Zusammenstöße zwischen der Polizei und einer gegen die Siedlungen gerichteten Demonstration in Silwan führten am Mittwoch zur Verhaftung von sechs Personen internationaler Herkunft«.

Eine meiner Freundinnen, die an der Demonstration teilgenommen hatte, erzählte mir, dass die ausländischen TeilnehmerInnen noch tapferer als unsere Friedenskräfte gewesen waren.

Im Anschluss an die Konferenz hatte ich die Einladung meines palästinensischen Freundes, Naim El Aschab, nach Ostjerusalem wahrgenommen, der zu meinen ersten Mandanten im Jahre 1968 zählte. Auch er beklagte sich über die Lage der Palästinenser. Er war immer gegen die Besatzung, aber auch immer für Frieden und Gerechtigkeit mit Israel eingetreten. Er ist ein Freund von unseren Friedenskräften geblieben.

Anschließend fuhr ich nach Tel Aviv zu meiner liebsten Freundin Sala. Der Taxifahrer, der mich zu ihr brachte, fragte mich, woher ich käme. Als er hörte, dass ich zurzeit in Deutschland lebe, sagte er mit Nachdruck, »man soll den *Goyim* (Nichtjuden) nie trauen, nicht einmal nach vierzehn Jahren im Grab ... Dies gilt sicher für die Araber, und was die Deutschen angeht, so sind die sowieso Nazis.« Dann fragte er mich: »Wissen Sie überhaupt, was der Holocaust ist? Ich komme aus dem Irak«, sagte er, »aber ich habe alles gelernt.«

Ich führte das Gespräch mit ihm weiter, auch über den Holocaust, über die *Goyim*, insbesondere die Deutschen, und fragte ihn, ob er seine Kinder auch so erziehen würde. Eine klare Antwort gab er mir nicht. Meine letzte Frage war, ob es bei uns in Israel viele gibt, die so denken würden wie er, beantwortete er: »Sicher sehr viele, aber es mag sein, dass sie nicht so offen sind wie ich, kann sein, dass sie das so nicht sagen möchten.«

Nicht lange darauf hat sich gezeigt, wie Recht er hatte, als er sagte, es gäbe viele wie ihn. Der Wahlsieg von Scharon hat das bewiesen. Und meine Frage war schon damals – wie heute – eine ganz existentielle: Quo vadis, Israel?

»Wir waren doch so großzügig«

Die Friedensverhandlungen zwischen Israel und den Palästinensern wurden fortgesetzt, und der Druck auf die Palästinenser, die israelischen Vorschläge zu akzeptieren – selbst wenn sie dem Völkerrecht zuwiderliefen – war immens. Viele Friedensfreunde, Intellektuelle und einfache Menschen unter den Palästinensern, haben diese Verhandlungen als israelisch-amerikanisches Diktat empfunden, entsprechend der amerikanischen Maxime »Take it or leave it«.

Die israelische und die Weltöffentlichkeit wurden irregeführt, dass es sich um einen fairen Kompromiss handele und dass Ehud Barak sich für einen gerechten Frieden einsetze. Doch die Siedlungspolitik änderte sich nicht, und die Barak-Regierung baute mit Eifer die Siedlungen aus und zerstörte Häuser von Palästinensern. (Zu diesem Thema kehre ich noch zurück.)

Die palästinensische Öffentlichkeit wurde alarmiert, dass ein Ausverkauf der legitimen palästinensischen Rechte bevorstehen könnte. 135 palästinensische Intellektuelle, darunter Schriftsteller, Dichter, Maler, Professoren, Politiker, Mitglieder des palästinensischen Parlaments und auch Palästinenser aus der Diaspora wandten sich an die Israelis mit einer prägnanten Botschaft. Unter ihnen waren auch Menschenrechtler und PolitikerInnen wie Hanan Aschrawi und Haidar Abdel Shafi. Viele von ihnen kenne ich persönlich als Menschen, die sich schon seit langem für Frieden und Versöhnung eingesetzt haben. Die Botschaft vom 6. März 2000 erklärt vieles, was danach passiert ist. Ich zitiere sie hier ausführlich, weil sie von besonderer Bedeutung ist:

Botschaft an die israelische und jüdische Öffentlichkeit

»Wir, die Unterzeichner, palästinensische Intellektuelle, richten diese Botschaft an die israelische und jüdische Öffentlichkeit, um unseren Standpunkt zum gegenwärtigen Friedensprozess darzutun.

Wir befürchten, dass das, was gegenwärtig geschmiedet wird, kein Friede ist, sondern die Saat für künftige Kriege. Die Mehrheit der Palästinenser, darunter auch wir, die Unterzeichner, glaubten, dass die Zeit reif dafür ist, mit den Israelis eine historische Übereinkunft zu schließen, die es uns ermöglicht, am Ende in Frieden in einem Land zusammenzuleben, ungeachtet des uns durch die israelische Seite jahrzehntelang zugefügten Unrechts, Leids und der Enteignung.

Die Mehrheit der Palästinenser glaubte, dass der Frieden auf zwei Prinzipien basieren würde: auf Gerechtigkeit und den Erfordernissen für eine gemeinsame Zukunft. Das, was wir tatsächlich erleben, ist jedoch weit von diesen Prinzipien entfernt. Eine Seite meint, die gegenwärtige Balance der Macht sei günstig für sie und sie könne der anderen Seite ein demütigendes Abkommen diktieren, indem sie sie zwingt, buchstäblich alles, was sie durchsetzen will, hinzunehmen. Die historische Übereinkunft wird zu einer Übereinkunft der Israelis untereinander, nicht zu einer Übereinkunft mit den

Palästinensern. Es ist eine Übereinkunft, welche die Palästinenser menschlich, territorial, hinsichtlich der Sicherheit wie auch politisch erstickt: menschlich, weil sie ihre historischen Rechte und ihre Menschenrechte nicht anerkennt; territorial, weil sie die Palästinenser in voneinander abgetrennten Gebieten in Städten und Dörfern isoliert, während sie zunehmend weiteres Land von ihnen beschlagnahmt; hinsichtlich der Sicherheit, weil sie die israelische Sicherheit prinzipiell über die Rechte, die Existenz und die Sicherheit der Palästinenser stellt; politisch, weil sie die Palästinenser daran hindert, ihre Zukunft zu bestimmen und ihre Grenzen zu kontrollieren.

Wir glauben, dass wir die tiefsten Überzeugungen unseres Volkes ausdrücken, wenn wir euch offen mit diesen Tatsachen konfrontieren. Ihr werdet wählen müssen zwischen einer von einer Balance der Kräfte diktierten Übereinkunft, die eure Regierung und euer Militär auf überwältigende Weise begünstigt, und einer Übereinkunft, die für die Israelis wie auch die Palästinenser gerecht ist, eine Übereinkunft, welche langfristig eine Koexistenz auf demselben Land gewährleistet. Wir legen die Entscheidung in eure Hände.

Wir erklären mit aller Deutlichkeit, dass wir für eine gerechte Regelung der palästinensischen Frage nur zwei Lösungsmöglichkeiten sehen:

Die erste basiert auf der Errichtung eines palästinensischen Staates mit völliger Souveränität über das von Israel 1967 besetzte Land und mit Jerusalem als seiner Hauptstadt, dem Rückkehrrecht für palästinensische Flüchtlinge und dem Eingeständnis des historischen Unrechts, das Israel dem palästinensischen Volk zugefügt hat.* Der palästinensische Staat wird auf den mit der Unabhängigkeitserklärung 1988 angenommenen Prinzipien der Demokratie und humanen Prinzipien errichtet werden.

Die zweite Lösungsmöglichkeit ist die Errichtung eines demokratischen, binationalen Staates für beide Völker auf dem historischen Land Palästina.

Es ist klar, dass der palästinensische Vermittler – dessen Hände gebunden sind durch die überwältigende gegen ihn arbeitende Balance der Macht – zur Hinnahme einer demütigenden, herabwürdigenden, zu keiner diesen beiden Lösungen führenden Übereinkunft gezwungen werden kann. Die Geschichte ist überreich an Beispielen von Nationen, die zu Regelungen gezwungen wurden, die sie nicht unterstützten und die für alle Beteiligten in Katastrophen mündeten.

Wir richten diese Botschaft zuallererst an jene Israelis, die an die Werte Gerechtigkeit und Gleichheit glauben, und an all jene, die an Frieden in aller Welt glauben. Wir möchten ihnen sagen, dass die Übereinkunft, welche die israelische Führung dem palästinensischen Unterhändler aufzuzwingen sucht, keine Übereinkunft mit dem palästinensischen Volk ist. Es wird eine brüchige Übereinkunft sein, die den Keim ihrer eigenen Zerstörung in sich trägt. Wir werden sie weder unterstützen noch akzeptieren.

---

* Etwa 700 000 Palästinenser wurden 1948 entweder vertrieben oder flohen aus Angst vor Massakern. Israel zerstörte 417 palästinensische Dörfer. »Neue« Historiker wie Symcha Flapan, Benny Morris oder Ilan Pappe veröffentlichten Beweise für die Vertreibung und den Exodus der Palästinenser im Jahre 1948.

Wir reichen euch unsere Hand, um einen wahren und gerechten Frieden zu schließen, nicht den militaristischen Frieden des Zwangs, den Frieden der Generäle.«

Die israelischen Friedenskräfte reagierten prompt. *Das Alternative Informationszentrum*, eine linke außerparlamentarische Organisation, initiierte eine Petition mit folgendem Wortlaut: »Wir, die israelischen Unterzeichner des Aufrufs, unterstützen ihn hiermit und wollen gemeinsam mit den Aufrufenden dafür eintreten, einen israelisch-palästinensischen Frieden zu errichten, der auf einer historischen Übereinkunft beruht, entsprechend den Werten, die in dieser Erklärung zum Ausdruck kommen.«

Diese Petition wurde von 135 Israelis unterzeichnet. Ich war auch unter ihnen. Beide Petitionen wurden am 24. März 2000 in der angesehenen Zeitung *Ha'aretz* als Anzeige veröffentlicht.

Die Botschaft der Palästinenser an uns beinhaltete eine klare Friedensbereitschaft, aber auch die eindeutige Erklärung, dass nur ein Friede mit Gerechtigkeit akzeptiert würde. Zum einen war hier die Hand zum Frieden gereicht worden, zum anderen wurde aber auch die Warnung ausgesprochen, dass eine aufgezwungene, völkerrechtswidrige Lösung keine Zustimmung des palästinensischen Volkes erhalten würde. Leider haben bei uns nur wenige diese Botschaft zur Kenntnis genommen.

Das Gipfeltreffen in Camp David zwischen Israel und den Palästinensern im Juli 2000 hat hohe Wellen geschlagen, war aber zum Scheitern verurteilt, hatte doch Barak viele Male betont, dass er einen Frieden schließen wollte, »mit dem die Siedler glücklich sein würden«. 80 Prozent der Siedler in der Westbank sollten in ihren Häusern verbleiben.

Heute wissen es alle in Israel und außerhalb von Israel, alle, die es wissen wollen, dass Barak als der größte Siedlungsbauer seit 1992 »gewürdigt« wurde (Ha'aretz, 27. Februar 2001) und als derjenige, dessen Nachlass für Scharon ein Gipfel im Siedlungsbau war (Ma'ariv, 27. Februar 2001). Doch es waren auch andere Aussagen von Barak zu hören, so zum Beispiel: »Wir werden der Welt zeigen, wer für Frieden ist und wer nicht. Das israelische Volk wird zur Kenntnis nehmen müssen, dass wir alles nur irgend Mögliche für den Frieden getan haben.«

Der bekannte israelische Journalist und Kommentator Hans Lebrecht schrieb dazu:

»Am Ende von zwei Wochen intensiver Verhandlungen ging der Dreier-Gipfel in Camp David mit einer Niederlage für zwei der Partner, für Clinton und Barak, zu Ende. Es gelang ihnen nicht, die verbrieften Rechte der Palästinenser auf ihre Heimat nochmals zugunsten der – wenn auch etwas bescheidener gewordenen – Gebietsansprüche der israelischen Herrscher zu beschneiden. Als Sieger aus dieser Schlacht um einen gerechten und dauerhaften Frieden gingen die diesem Frieden im Wege stehenden ›Roten Linien‹ hervor, sowohl die von Barak als auch jene von Arafat. Der Unterschied zwischen beiden war allerdings, dass Barak auf Gebietsansprüchen im Westjordangebiet, die dem internationalen Recht zuwiderlaufen, und auf eine für ›ewige Zeiten‹ gedachte Oberherrschaft über den gesamten Großraum von Jerusalem und seiner Umgebung bestanden hat, wobei er gnädigerweise eine von Israel erlaubte, beschränkte administrative Autonomie über einige der von 210 000 Palästinensern bewohnten Stadt- und Gemeindeviertel einräumte. Demgegenüber beruhten Arafats ›Rote Linien‹ auf dem Völkerrecht und zahlreichen Beschlüssen der Vereinten Nationen und seines Sicherheitsrats.«

Hans Lebrecht weiter: »Barak kehrt jetzt in ein zerrüttetes Israel, ohne eine wirkliche Regierungskoalition, zurück. Obwohl Barak in Camp David den Palästinensern nur einige kleine Stückchen Zuckererbsen verabreichen wollte, benahmen sich die rechte Opposition, verstärkt durch einige wahrlich dunkle Dissidenten aus Baraks zerbrochener Koalition, wie Irrsinnige. Zur selben Stunde, als Barak sich anschickte, am Dienstagabend bei seiner Presseschau das Scheitern des Camp-David-Gipfels damit zu erklären, dass Arafat nicht bereit gewesen sei, auf seine, von Clinton gebilligten Gebietsaustauschtricks hereinzufallen, führten seine chauvinistischen Oppositionäre in der Knesset (israelisches Parlament; F. L.) eine wahre Angriffsorgie gegen Barak und seine angeblich nicht eingehaltenen ›Roten Linien‹ auf.«

Hans Lebrecht schilderte auch die Reaktion auf Arafat, die ganz anders ausgesehen hatte: »Einstimmig sowohl in Palästina und der arabischen Welt als auch in den israelischen Medien als Sieger bezeichnet, kehrt Arafat nach Hause zurück. Gleich nach Bekanntwerden der Ergebnisse des zusammengebrochenen Dreiergipfels gingen Massen auf die Straßen der palästinensischen Städte Ramallah, Nablus, Bethlehem, El-Khalil (Hebron) und in Ostjerusalem, um Arafat als Held zu feiern, weil er den gemeinsamen Erpressungsversuchen von Clinton und Barak, insbesondere ihrer Forderung, die arabischen Teile von Jerusalem als der Hauptstadt des zukünftigen Palästinenserstaates preiszugeben, nicht nachgab. Desgleichen hatte er auch in den Fragen des Rechts auf Rückkehr der Flüchtlinge und der Illegalität der israelischen Siedlungen auf palästinensischem Boden nicht nachgegeben.«

Die palästinensische Delegation hatte im Sinne der Botschaft der Palästinenser an uns gehandelt und dafür breite Zustimmung erhalten. Doch die israelisch-amerikanische Propagandamaschinerie lief auf vollen Touren. Arafat wurde als Friedensverweigerer bezeichnet und Barak als großzügiger und kompromissbereiter Politiker. Er wurde sogar mit dem Prädikat »mutig« geehrt. Diese Legende wurde weltweit so unermüdlich verbreitet, dass die Massen in Israel und außerhalb anfingen, daran zu glauben. Der Tenor war klar: Die Palästinenser sind fortan an allem selber schuld. Man hat den Eindruck erweckt, dass das Scheitern des Gipfels nur durch die Jerusalem-Frage verursacht worden sei, obwohl klar war, dass auch die anderen strittigen Fragen nicht gelöst worden waren. Unsere konsequenten Friedensaktivisten haben das sehr wohl verstanden. Der israelische Friedenskämpfer und Journalist Uri Avneri schrieb zum Beispiel:

»Natürlich geht es nicht nur um Jerusalem. Es geht um Grenzen, Siedlungen, Flüchtlinge, Boden, Wasser. Um die Problematik zu verstehen, muss man bedenken, dass Israel vor 1967 schon 78 Prozent des ehemaligen Landes Palästina in Händen hatte. Es geht jetzt um die restlichen 22 Prozent. Über die möchte Israel einen ›Kompromiss‹ schließen, während die Palästinenser behaupten, dass die Abgabe von 78 Prozent schon Kompromiss genug ist. Barak will so genannte ›Siedlungsblöcke‹ annektieren. Man spricht von zehn Prozent und sogar nur fünf Prozent des Westjordanlandes. Das klingt gemäßigt, ist aber irreführend. Wenn man die verschiedenen Territorien zusammenfügt, die Barak behalten will – darunter auch die Siedlungen um Jerusalem herum und das Jordantal, das er für 100 Jahre ›pachten‹ will –, dann kommt man leicht auf 30 Prozent des Westjordanlandes. Damit wäre der Palästinastaat auf 16 Prozent des ursprünglichen Landes Palästina zusammengeschrumpft.

Auch das ergibt nicht das richtige Bild. Denn dieses Restgebiet ist durch die Siedlungsblöcke und ›Umgehungsstraßen‹ so zerstückelt, dass es am Ende wie ein verrückter Salamander aussieht. Für die Palästinenser wäre das eine Karikatur ihrer nationalen Bestrebungen. So ein Abkommen wäre ein neuer Versailler Vertrag. Er würde keinen Frieden bringen. Wenn Barak das Format hätte, das er gerne haben möchte, müsste er jetzt der Öffentlichkeit erklären: Der Preis eines wirklichen Friedens ist ein Palästinastaat im ganzen Westjordanland und Gazastreifen, mit Ostjerusalem als Hauptstadt. Die Alternative ist ein neuer Krieg, vielleicht ein ewiger Konflikt.« (Zitiert nach: Medico International, Heft 3/2000)

Das »Angebot« gibt Israel zudem die Kontrolle über die Grenzübergänge des palästinensischen Staates. Kein Land der Welt würde das akzeptieren.

Der Professor für Anthropologie an der Ben Gurion-Universität in Beer Scheva, Jeff Halper, Koordinator des *Israelischen Komitees gegen Hauszerstörungen*, schrieb am 3. November 2000 in *News from within*: »Die fundamentale Thematik, die dem Friedensprozess zugrunde liegt, ist die von Kontrolle versus Souveränität. Man könnte meinen, je mehr Territorium die Palästinenser erhielten, desto mehr Souveränität bekämen sie auch. Doch das stimmt nicht. Alle Siedlungen, inklusive (der Vorschläge) aller detaillierten Masterpläne, machen nur sechs Prozent der Westbank aus (Ostjerusalem nicht inbegriffen). Aber diese sechs Prozent sind strategisch so platziert, dass ein territorialer Zusammenhang für einen palästinensischen Staat verhindert, die Fortdauer der Präsenz von 80 Prozent der Siedler und ein ›Großjerusalem‹ mit einer 85-prozentigen jüdischen Mehrheit im gesamten zentralen Abschnitt der Westbank gewährleistet werden kann.«

In ähnlichem Sinne hat sich auch Feisal Husseini, Mitglied des Exekutivkomitees der PLO und Beauftragter in der Jerusalemfrage, geäußert. In einem Artikel in der *Jerusalem Times* vom 15. Dezember 2000 schrieb er: ›Tatsache ist, dass der israelische Vorschlag, der in Camp David gemacht wurde, nicht einmal die minimalen Bedingungen für einen tragfähigen palästinensischen Staat enthielt, auch nicht unsere Rechte auf Ostjerusalem berücksichtigte, ebenso wenig wie er die Tragödie der palästinensischen Flüchtlinge adäquat ansprach.«

Das war auch der Tenor meiner Veranstaltungen, und viele Zuhörer reagierten mit Erstaunen, als ich die Kompromissbereitschaft von Barak als Legende bezeichnete.

Aber dies war noch nicht das Ende der Erpressungsversuche. US-Präsident Clinton wollte als Friedensstifter in die Geschichte eingehen und seine zweite und letzte Amtszeit mit dem Friedensnobelpreis krönen. Nach dem Scheitern des Camp-David-Gipfels machte er so genannte »bridging proposals« (Überbrückungsvorschläge), welche die Palästinenser als »unverdauliches Fastfood« bezeichneten und ablehnten.

Edward Said, der berühmte palästinensisch-amerikanische Intellektuelle, hat diese Vorschläge mit bitterer Ironie geschildert:

»Der letzte verzweifelte amerikanische Versuch, Jassir Arafat zu zwingen, die souveräne Existenz seines eigenen Volkes zu tilgen, trägt nicht nur den deutlichen Stempel der amerikanisch-israelischen Lobby, sondern auch den von Clintons politischem Stil. Zu behaupten, Clintons Überbrückungsvorschläge – wie sie euphemistisch genannt wurden – seien so etwas wie ein Fastfood-Friede, hieße, ihre bösartige Rührseligkeit viel zu gering zu veranschlagen, ja, sie zu unterschätzen. In ihrer zweckdienlichen Geschäftigkeit, ihrer a-historischen Tyrannei und in ihrem egoistischen Drängen ähneln sie Clinton, wie er leibt und lebt, wenn er an seinem Schreibtisch sitzt, mit der einen Hand das Telefon ans Ohr haltend, mit der anderen ein Stück Pizza grapschend, an dem er mampft, während seine diversen Mitarbeiter, Finanziers, Ausbügler, Busenfreunde und Golf spielende Kumpane um ihn herumschwirren, ihm Gunstbeweise gewähren (und erhalten) und Darlehen, Zuschüsse, Deals, Hypotheken und Klatsch anbieten.«

Edward Said führt des Weiteren aus, wie Israel für das Unrecht, das es an den Palästinensern begeht, »belohnt« werden soll:

»Allem zugrunde liegt das Postulat, dass Israel vor den Palästinensern geschützt werden muss und nicht umgekehrt. Doch der Haken an der ganzen Sache ist: Israel soll nicht nur seine 33 Jahre währende Besatzung vergeben werden, seine 52 Jahre während Unterdrückung und Enteignung des ganzen palästinensischen Volkes, seine zahllosen – individuell oder kollektiv begangenen – brutalen und entmenschlichenden Handlungen gegenüber den Palästinensern, Israel wird vielmehr belohnt mit solchen Dingen wie der Annexion des besten Landes von der Westbank, dem (zweifelsohne preiswerten) Überlassen eines langen Abschnitts vom Jordantal, der endgültigen Annexion des größten Teils von Ostjerusalem plus der Kontrolle von allen palästinensischen Grenzen (die einzig an Israel entlang verlaufen werden und nicht an einem anderen Staat) plus der Kontrolle über alle Straßen und die ganze Wasserversorgung plus dem Verzicht aller palästinensischen Flüchtlinge auf ihr Rückkehrrecht und auf eine Entschädigung, es sei denn eine Entschädigung, die Israel für angemessen hält.« (Zitiert nach: Dawn, Pakistan, 19. Januar 2001)

Fazit: Es gab keine israelische »Großzügigkeit« in Camp David, auch nicht vonseiten Clintons, ebenso wenig wie bei den weiteren Verhandlungen, die Barak in der Hoffnung führte, seine Macht aufrecht erhalten zu können. Barak bediente sich dabei einer lauten Friedensphraseologie, doch seine Taten entlarvten ihn als eifrigen Siedler, der sich selbst pries, als er sagte: »Ich habe keinen Millimeter Land zurückgegeben.« (Ha'aretz, 7. Februar 2001)

Das ist die Diskrepanz, die Barak charakterisiert, eine Zwiespältigkeit, die in Israel wohl bekannt ist: Friedensworte und gegenteiliges Handeln – das ist der wahre Barak und die wahre israelische Haltung in Camp David und danach. Das ist nicht nur eine palästinensische, sondern auch unsere Tragödie.

Die Anatomie einer Provokation

Ich war in Deutschland unterwegs und hörte im Radio von Scharons Provokation. Hans Lebrechts detaillierter Bericht, der das Geschehen und die Folgen verdeutlichte, wurde mir aus Israel per Fax geschickt.

»4 000 israelische Polizeibeamte und schwer bewaffnete Grenzpolizisten wurden am Donnerstag, dem 28. September (2000), in der angeblich ach so vereinten Großstadt Jerusalem zusammengezogen, um einen äußerst provokativen ›Besuch‹ des Likud-Oppositionsführers und berüchtigten Hardliners und Knesset-Abgeordneten Ariel Scharon auf dem so genannten Tempelberg, dem arabischen Haram al-Sharif, zu beschützen und um eventuelle Demonstrationen von palästinensischen Einwohnern zu unterdrücken. Die Scharon-Provokation löste allerdings scharfe Protestaktionen in Jerusalem und anderen Städten im Westjordanland aus, die aber viel geringer waren, als zuvor angenommen. Der Haram al-Sharif mit der Al-Aqsa-Moschee und dem Felsendom, der Omar-Moschee, gilt bei muslimischen Gläubigen als die drittwichtigste heilige Stätte nach Mekka und Medina. Der Tradition gemäß soll von dem Felsen – über welchem im 7. Jahrhundert die Omar-Moschee, oder auch Felsendom genannt, mit der bekannten goldenen Kuppel erbaut wurde – der Prophet Mohammed mit einer von fliegenden Schimmeln gezogenen Karosse über den Himmel nach Mekka geflogen sein.

›Lediglich‹ eintausend Polizisten und Grenzschutzbeamte umringten und beschützten Scharon und seine Begleiter von der parlamentarischen Likud-Fraktion, als sie zu Fuß durch das Mughrabi-Tor den Tempelberg betraten. Noch nie hat es einen derartigen Polizeikordon um einen israelischen Parlamentarier gegeben, nicht einmal für einen ausländischen Potentaten, den amerikanischen Präsidenten Clinton oder König Hussein von Jordanien eingeschlossen.«

Scharons »Besuch« war mit viel Medienrummel angekündigt worden. Die israelischen Friedenskräfte und auch die Palästinenser warnten vor seinem provokativen Charakter. Doch das bewog Premierminister Barak nicht dazu, den Besuch zu verbieten. Im Gegenteil, er gab Scharon volle Rückendeckung, vor dem Besuch und danach. Hans Lebrecht berichtet dazu Folgendes:

»In der Annahme, dass die Scharon-Provokation Aufstände auslösen könnte, wurden in anderen Teilen des besetzten Ostjerusalems weitere 3 000 Polizeikräfte und Grenztruppen konzentriert.

›Ich bin hier, um zu demonstrieren, dass der Tempelberg (siehe auch Seite 171; F. L.) auf ewig israelischer Souveränität untersteht und dass jeder Jude ungehindert das Gelände betreten kann‹, erklärte Scharon, der von einem so dichten Kordon von Polizeiwächtern umgeben war, dass ihn die anwesenden Presseleute kaum sehen und hören konnten. Zu dieser frühen Stunde beteten nahebei nur einige hundert muslimische Gläubige auf dem Gelände. Als sie aber das Gedränge um Scharon bemerkten, kamen sie näher und riefen: ›Du Mörder von Tausenden von Palästinensern. Fahr zur Hölle. Du hast an dieser heiligen Stätte nichts zu suchen!‹, oder ›Der

Schlächter von Sabra und Shatila entweiht die Heiligen Schreine!« (Die Scharon-Provokation fand genau am 18. Jahrestag des Massakers von 1982 in den palästinensischen Flüchtlingslagern Sabra und Shatila in der zu dieser Zeit von Israel besetzten libanesischen Hauptstadt Beirut statt. Man fand heraus, dass der Architekt der damaligen Invasion in den Libanon, Scharon, in seiner Eigenschaft als Verteidigungsminister, das Massaker überwacht hatte. Durchgeführt hatte es die faschistische libanesische Phalange-Miliz, die mit der Invasionsarmee Israels kollaborierte.)

Bis Scharon und seine Gefolgschaft den Platz verließen, hatten sich an die tausend Palästinenser eingefunden und damit begonnen, die Provokateure und ihren Polizeischutz anzugreifen. Mit wütenden Rufen wurden Steine geschleudert, worauf die Polizei, ohne zu zögern, Warnschüsse abgab. Einige israelisch-arabische Knesset-Abgeordnete von der von den Kommunisten geführten Hadash-Gruppierung, von den Fraktionen der Arabischen Union sowie der Abgeordnete und frühere Arafat-Berater Ahmad Tibi sowie der Minister für Jerusalem-Angelegenheiten der Palästinensischen Nationalen Autorität, Feisal Husseini, versuchten, die Menschen zu beruhigen und sie zu warnen, nicht in die provokative Falle Scharons zu gehen. Doch das war zwecklos. Nachdem die Scharon-Gruppe das Gelände verlassen hatte, begannen palästinensische Jugendliche, Steine hinunter auf den Platz vor der Klagemauer zu werfen. Doch der Platz war schon zuvor von jüdischen Gläubigen geräumt worden. Die Polizeikräfte konzentrierten sich oben auf dem Berg und schossen mit gummiummantelten Stahlgeschossen willkürlich in die

Menge der Demonstranten. Am Ende waren vier Palästinenser tot und Dutzende zum Teil schwer verwundet.

Bald danach kam es zu Aufständen und blutigen Zusammenstößen zwischen palästinensischen Jugendlichen und massiv aufmarschierenden Polizeitruppen der Besatzungsmacht in verschiedenen Teilen von Ostjerusalem und spontan auch in anderen Städten der Westbank und des Gazastreifens wie auch an den befestigten israelischen Kontrollpunkten der Zufahrtstraßen von Ramallah, Nablus, Bethlehem und am südlichen Ende des Gazastreifens, wo die jüdischen Khativ-Siedlungen liegen. Rund um die Welt konnte jeder Fernsehzuschauer beobachten, mit welcher Brutalität die Truppen der Besatzungsmacht die legitime Reaktion auf die Scharon-Provokation zu unterdrücken versuchten.«

Aber das war nur der Anfang, die Protestwelle der Palästinenser breitete sich auf andere Teile des besetzten Ostjerusalems und nach ein paar Tagen auf einige andere Teile der Westbank aus. Bis Freitagmittag, dem 29. September, gab es noch vier weitere Tote und Hunderte von verletzten Palästinensern bei den Zusammenstößen mit israelischen Streitkräften. Die Polizei und die Armee reagierten auf die Proteste mit großer Brutalität. Die PNA ordnete drei nationale Trauertage in Palästina an.

Der Friedensblock *Gusch Schalom*, der zu den konsequenten Friedenskräften in Israel zählt, hat Scharons Besuch schärfstens verurteilt und erklärt, dass er mit seiner vorsätzlichen Provokation vor aller Welt bewies, dass der Tempelberg zu den Gebieten gehört, welche nur mittels brutaler Gewalt als besetztes Gebiet zu halten sind, und auf keinen Fall ein Ort ist, auf dem der Staat Israel seine Souveränität ohne Waffengewalt ausüben kann.

Mir war klar, dass Scharon hier ein weiteres Mal als Brandstifter agierte. Ich erinnere mich sehr gut an eine seiner früheren Provokationen, als er in ein Haus in Ostjerusalem, im muslimischen Viertel, einzog, und eine mit einem Medienrummel inszenierte Einweihungsfeier abhielt, bei der eine große israelische Fahne gehisst wurde. Mit dem Einzug, der Feier und dem Hissen der Fahne wollte er die israelische Oberhoheit über Jerusalem unterstreichen. Gleichzeitig war dies für die Palästinenser als Warnung gedacht: Wir sind auch hier präsent. – Das alles ereignete sich am 15. Dezember 1987, am Anfang der ersten Intifada.

Meine palästinensischen Freunde und unsere Friedenskräfte haben damals protestiert. Dieses Mal organisierten unsere Friedensaktivisten von *Gusch Schalom*, die *Rabbiner für Menschenrechte*, die Frauenfriedensbewegung *Bat Schalom* und das *Kommunistische Forum* Mahnwachen und verteilten Flugblätter mit der Forderung, die Polizeibrutalität gegenüber den Palästinensern sofort zu stoppen. Aber sie waren nicht so zahlreich. Die Medien ignorierten ihre Aktionen völlig. Von wenigen Ausnahmen abgesehen, haben die Medien solche Proteste auch weiterhin verschweigen.

Und so ist es wie immer bei uns: Nicht der Täter, sondern das Opfer der Provokation ist an allem schuld, die Palästinenser, die seit 34 Jahren unter israelischer Besatzung leben. Wir haben nur sechs Tage für die Eroberung der Gebiete gebraucht, und nach Jahrzehnten gelingt es uns nicht, sie zurückzugeben. So verhalten sich Sieger. Die Unterlegenen wissen, was »vae victis« bedeutet: »Wehe den Besiegten«. Und für einen der Täter hatte die Geschichte ein märchenhaftes Happyend parat: Er ist Premierminister geworden.

Der Aufstand – Die Al-Aqsa-Intifada

Um mit einem Begriff aus der Atomphysik zu sprechen: Die kritische Masse war erreicht. Und es war nur eine Frage der Zeit, bis sich die Explosion ereignete.

Am Anfang sprach man von »Unruhen« oder »Exzessen«. Diese Art der Umbenennung war mir schon seit der ersten Intifada (1987-1993) bekannt. Die Militärrichter und die Staatsanwälte wollten von mir damals das Wort Intifada nicht hören. Sie wollten den Aufstand nicht wahrhaben.

Die bewusste Provokation von Scharon war der Funke, der das seit langem randvolle Pulverfass zur Explosion brachte: das Pulverfass voller Wut, Frustration, Enttäuschung, vergeblichem Warten auf die Früchte des Friedens, voller Zorn auf die nicht eingehaltenen Termine der Vereinbarungen, voller Zorn auf die Besiedlung, Enteignung, auf die Häuserzerstörungen, die Baumentwurzelungen, die ständige Demütigung und die totale Abhängigkeit von Israel. Die israelisch-palästinensischen Friedensgespräche waren für sehr viele Palästinenser nichts anderes als ein israelisches Diktat unter amerikanischer Ägide.

Wenn man heute von zwei Seiten spricht, sollte man sie klar definieren: Israel, der Besatzer, die stärkste Militärmacht der Region, steht dem palästinensischen Volk gegenüber, das unter der Besatzung lebt und nur mit Steinen und einigen tausend Gewehren ausgerüstet ist. Die »Allgemeine Erklärung der Menschenrechte« von 1948 befasst sich in ihrer Präambel mit einer Situation, in der ein Aufstand aufgezwungen sein kann. Die einschlägigen Sätze lauten:

»Da die Anerkennung der allen Mitgliedern der menschlichen Familie innewohnenden Würde und ihrer gleichen und unveräußerlichen Rechte die Grundlage der Freiheit, der Gerechtigkeit und des Friedens in der Welt bildet, da Verkennung und Missachtung der Menschenrechte zu Akten der Barbarei führten, die das Gewissen der Menschheit tief verletzt haben, und da die Schaffung einer Welt, in der den Menschen, frei von Furcht und Not, Rede- und Glaubensfreiheit zuteil wird, als das höchste Bestreben der Menschheit verkündet worden ist, da es wesentlich ist, die Menschenrechte durch die Herrschaft des Rechtes zu schützen, damit der Mensch nicht zum Aufstand gegen Tyrannei und Unterdrückung als letztem Mittel gezwungen wird.«

Diese Intifada ist das letzte Mittel der Palästinenser, weil Israel ihre grundlegenden Menschenrechte seit Jahrzehnten missachtet und verletzt.

Unsere Friedenskräfte haben den Aufstand der Palästinenser von Anfang an als Kampf für die Freiheit verstanden, und sie haben auch die Ungleichheit der »Seiten«, die in Europa so wenig beachtet wird, zur Sprache gebracht.

»Es war nicht zu übersehen, dass die Kämpfe überall zwischen ungleichen Kräften stattfanden: An manchen Stellen wurde mit bloßer Brust, mit Steinen und Molotowcocktails gegen die Schellfeuergewehre von Heckenschützen gekämpft; anderswo mit Handfeuerwaffen gegen Panzer und raketenbestückte Kampfhubschrauber.

Das ist kein kurzfristiges Aufbegehren – es ist der Kampf eines Volkes, das fest entschlossen ist, frei zu sein, und das bereit ist, unermessliche Opfer zu bringen, ein Volk, das verbittert ist durch eine sieben Jahre während Enttäuschung und Zerrüttung seiner Hoffnungen.« (The Other Israel, November 2000)

Die Palästinenser in Israel, israelische Staatsbürger, sind nicht gleichgültig geblieben. Seit nunmehr 53 Jahren des Bestehens von Israel leidet die palästinensische Minderheit (zirka 20 Prozent der Bürger Israels) unter der Enteignung ihres Bodens sowie unter einer rassistischen Diskriminierung auf allen Gebieten des öffentlichen Lebens.

Angesichts ihrer eigenen Diskriminierung und des schrecklichen Leidens der Palästinenser in den besetzten Gebieten, aber auch zur Verteidigung der heiligen Stätten des Islam, befolgten die meisten Araber in Israel – es sind etwa eine Million Bürger – am 1. Oktober 2000 den Aufruf des *Überwachungskomitees der arabischen Bevölkerung Israels* zu einem Generalstreik. Die Streikenden errichteten an Zubringerstraßen zu den meisten arabischen Städten und Dörfern und zu den innerstädtischen Autobahnen Blockaden, die nicht nur das nördliche Galiläa und das »Dreieck« (ein hauptsächlich von Arabern bewohntes Gebiet im Zentrum Israels), sondern auch einige Hauptverkehrsadern in Israel erfassten.

Daraufhin schlug die israelische Polizei in Um-el-Fahm und der großen Stadt Nazareth sowie in Kafr Kana mit aller Härte zu. Tränengas und scharfe Munition kamen gegen friedliche Demonstranten wie auch gegen Steine werfende Jugendliche zum Einsatz. Die Bilanz war auch diesmal wieder schrecklich.

Am Ende des Tages starben 13 arabische Bürger in Israel. Die Polizei und die Grenzschützer hatten ein Blutbad angerichtet. Der Zorn war immens. Jahrelang hatte es bei uns Demonstrationen von Juden gegeben, manche waren auch gewalttätig gewesen, dabei wurde jedoch kein Demonstrant getötet. Man tötet nur Araber. Die barbarischen Methoden der Besatzerarmee in den besetzten Gebieten hat man nun auch in Israel, in den von Arabern bewohnten Städten und Dörfern angewandt.

Ich habe der in Haifa erscheinenden arabischen Zeitung *Al Ittihad* ein Interview gegeben und meine Empörung über die Politik der vorsätzlichen Tötung, die nun auch Araber in Israel betrifft, und meine Solidarität mit den Palästinensern in den besetzten Gebieten und in Israel zum Ausdruck gebracht.

In einem Telefongespräch mit Naila Zayad – der Witwe des ehemaligen Oberbürgermeisters von Nazareth, Taufiq Zayad, einem berühmten Dichter und Volkshelden – habe ich erfahren, dass rechtsgerichtete Einwohner von Nazareth Illit, einem benachbarten jüdischen Ort, ein Pogrom gegen die Bewohner von Nazareth, deren Ehrenbürgerin ich bin, begangen hatten. Sie zertrümmerten Geschäfte, Autos, attackierten Wohnungen; zwei Araber wurden auf offener Straße buchstäblich gelyncht. Nayla war außer sich. Sie sprach über die Polizei, die auf die Opfer dieses Pogroms geschossen hatte. Ich sagte ihr, dass ich nicht schweigen werde und auch hier in Deutschland für die Solidarität mit den Unterdrückten eintrete. »Sollen alle überall erfahren, was hier passiert ist, und dass nicht nur die Palästinenser in den besetzten Gebieten, sondern auch wir in Israel ohne Schutz sind«, sagte Naila zu mir.

Am zweiten Tag rief mich meine ehemalige treue Sekretärin Rauia aus Nazareth an. Sie habe sich sehr gefreut, mein Interview in *Al Ittihad* zu lesen und zu erfahren, dass ich weiterkämpfe. »So schrecklich, wie es jetzt ist, war es hier noch nie«, sagte sie.

Das Grauen drang zu mir nach Deutschland. Die Zahl der palästinensischen Opfer war mittlerweile auf viele Dutzend Getötete und weit über tausend Verletzte gestiegen.

Am 30. September 2000 wurde der 12-jährige Mouhamed El Dura in Gaza in den Armen seines Vaters erschossen. Der Vater, der ihn nicht retten konnte, überlebte schwer verletzt. Der Fahrer eines Krankenwagen, der ihn retten wollte, wurde von Israelis erschossen. Das Bild ging um die Welt. Was man damals noch nicht wusste, war, dass Mouhamed nur der Erste von vielen sein sollte.

Tage vergingen, bis die Vereinten Nationen reagierten. Am 8. Oktober 2000 verurteilte der UN-Sicherheitsrat nach langen Beratungen die exzessive Gewaltanwendung Israels gegen die Palästinenser. Die Resolution verlangte die sofortige Wiederaufnahme der Friedensgespräche und forderte Israel dazu auf, die Genfer Konvention strikt zu befolgen und als Besatzungsmacht allen Zivilisten Schutz zu gewähren. Angesichts der Empörung in der arabischen Welt verhinderten die USA diesmal nicht die Resolution mit ihrem Veto.

Am 21. Oktober 2000 verurteilte die Vollversammlung der Vereinten Nationen Israel wegen übermäßiger Gewaltanwendung gegen Zivilisten in den Palästinensergebieten. Die Resolution wurde mit 92 zu sechs Stimmen bei 46 Enthaltungen angenommen.

Diese Nachrichten fanden sehr wenig Raum in den deutschen Medien. Und was Israel betrifft, so machte sich die dortige Regierung keine allzu großen Sorgen. Sie hat schon so viel Erfahrung damit, wie man UNO-Resolutionen ignorieren kann, vor allem weil die übermächtigen USA und die anderen schweigenden Mitglieder der Weltgemeinschaft sich überhaupt nicht um die Verwirklichung der Resolutionen durch Israel bemühen.

Mitte Oktober 2000 berichtete die *tageszeitung* aus Genf Folgendes:

»Mit äußerst knapper Mehrheit ihrer 53 Mitgliedsstaaten verurteilte die UNO-Menschenrechtskommission in Genf in der Nacht zum Donnerstag (12. Oktober) das gewaltsame Vorgehen israelischer Armee- und Polizeikräfte in den besetzten Gebieten als ›Verbrechen gegen die Menschlichkeit‹. Die von den arabischen Staaten bereits vor der Vereinbarung beim Nahost-Krisengipfel von Sharm El Sheik eingebrachte Resolution prangert die weit reichenden, systematischen und groben Verletzungen der Menschenrechte durch die israelische Besatzungsmacht, insbesondere die Massenmorde und Sammelstrafen sowie die Zerstörung von Häusern und die Abriegelung der palästinensischen Gebiete als ›Kriegsverbrechen‹ an. (…)

Die UNO-Kommission richtete eine ›internationale Untersuchungskommission‹ ein mit dem Auftrag, ›Informationen über die Menschenrechtsverletzungen in den besetzten palästinensischen Gebieten durch die israelische Besatzungsmacht‹ zusammenzutragen. Außerdem fordert die Resolution die ›umgehende‹ Entsendung der Hochkommissarin für Menschenrechte, Mary Robinson, in die besetzten Gebiete sowie von sechs UNO-SonderberichterstatterInnen über spezifische Formen von Menschenrechtsverletzungen (Folter, will-kürliche Exekutionen, Rassismus, religiöse Diskriminierung, Gewalt gegen Frauen und Verschwindenlassen von Perso-nen).

Israel hat die Zusammenarbeit mit dieser Kommission be-reits abgelehnt. Israels Botschafter, Yaakov Levy, verwarf die Resolution als ›parteiisch, einseitig und aufrührerisch‹. Der Genfer PLO-Vertreter sagte dagegen, die Befürworter der Re-solution hätten ›den Ruf der Menschenrechtskommission als Gewissen der Welt verteidigt‹.«

Am 28. November 2000 berichtete der US-amerikanische Sender CNN, über den Besuch der UN-Hochkommissarin für Menschenrechte, Mary Robinson, in den besetzten Gebie-ten. Sie zeigte sich über die Situation der Palästinenser be-stürzt und erschüttert. Robinson forderte die Aufstellung einer »internationalen Überwachungsgruppe«.

Die Berichte über Tote, Verletzte und den Beschuss durch Kampfhubschrauber häuften sich. Viele Organisationen und Städte, die ich so gut kenne, haben traurige Schlagzeilen ge-macht. Zum Beispiel das Rehabilitationszentrum des YMCA (Young Men's Christian Association – Christlicher Verein jun-ger Männer) in Beit Sahur:

»Am Sonntag, dem 1. Oktober, trafen um 15.30 Uhr Kugeln, die von israelischen Soldaten abgefeuert worden waren, das YMCA-Rehabilitationszentrum in Beit Sahur, in dem sich be-hinderte Personen aufhielten. Eine Kugel aus einem Schnell-feuergewehr durchschlug ein Fenster, und die Splitter zerbars-ten in einem Raum, in dem sich 17 Pflegepersonen befanden. Niemand wurde verletzt, doch bei den unschuldigen Insassen dieser zivilen Einrichtung wurden Furcht und Schrecken aus-gelöst. Daraufhin räumte der YMCA das Gebäude und schick-te die Pflegepersonen nach Hause.

Dieser aggressive Akt wurde am Montag wiederholt. Wei-tere Kugeln trafen das Gebäude. In der näheren Umgebung des Hauses fand man viele Geschosshülsen, und das Gelände verwandelte sich in einen der gefährlichsten Plätze im Bezirk Bethlehem. Der YMCA, der unweit der Zone C liegt, die noch immer der völligen Kontrolle von Israel untersteht, wurde zur Zielscheibe für israelische Soldaten.«

In einem offenen Brief hat Viola Raheb aus Bethlehem die Situation genau geschildert. Viola Raheb studierte in Deutsch-land. Ich habe sie viele Male getroffen, mit ihr Gespräche ge-führt und sie als eine Person kennen gelernt, die sich für Frie-den und Versöhnung einsetzt. Sie schreibt:

»Seit über 30 Tagen nimmt unser Leben in Palästina ein neues Gesicht an: Tagsüber Demonstrationen und Begräb-nisse von Erschossenen, nachts werden wir zur Zielscheibe israelischer Kampfhubschrauber und Panzer.

Die heutige Situation zeigt die große Kluft zwischen politi-schem Reden und politischer Realität. Barak, noch kürzlich als Friedenstaube gefeiert und von Amerika noch immer dafür ge-halten, hat die Maske fallen gelassen. Obwohl zur Linken ge-zählt, verfolgt er eine noch extremere Politik als die Rechte. Über 30 Tage leben wir Palästinenser nun gefangen in unseren eigenen Städten beziehungsweise Zonen, abgeriegelt von der ganzen Welt und von den anderen Orten Palästinas dazu.

Wir haben nicht nur unsere Bewegungsfreiheit verloren, auch die Kommunikation mit anderen ist nicht möglich: Seit dem 28. September wird keine Post mehr zugestellt. In 30 Tagen mehr als 150 Tote, mehr als 5000 Verletzte, viele davon mit bleibenden Schäden. Der Einsatz von Raketen, von Panzern, von Scharfschützen und Spezialeinheiten macht aus Palästina ein geschändetes Land. Hunderte von Menschen verlassen vor Einbruch der Dunkelheit ihre Häuser, die an den Grenzen der Zonen liegen. So werden auch sie zu Flüchtlingen ›über Nacht‹, diesmal im eigenen Land.«

Die Israelis rechtfertigen diese verbrecherischen Taten mit dem Argument, man schieße von Bethlehem und Beit Dschala aus auf israelische Siedlungen. Völkerrechtlich gibt es keinerlei Rechtfertigung für eine Staatsmacht, bewohnte Gebiete anzugreifen und auf Zivilisten keine Rücksicht zu nehmen.

Naila aus Nazareth rief mich noch einmal an. »Du wirst heute etwas Schreckliches sehen. Die Leiche eines Palästinensers, den die Siedler gefoltert und getötet haben. Das hat man gefilmt.«

Tatsächlich sahen wir am Abend für einen kurzen Augenblick die Leiche auf dem Bildschirm. Es hat mir gereicht. Ich lebe mit dem Schrecken, als ob es keine Entfernung zwischen Deutschland und Israel gäbe, das Grauen überschattet alles Persönliche. Dies war vor Jahren so, und so ist es geblieben. Das Hören des israelischen Rundfunks und das Lesen von Zeitungen, die Gespräche mit Freunden, das Fax und das Internet nivellieren die Entfernung.

Ein Lynchmord an zwei israelischen Soldaten in Ramallah hat mich erschüttert. Israel beantwortete ihn, indem es aus großer Höhe ein Polizeiquartier, das Radio und die Fernsehstation in Ramallah bombardierte.

Ich weiß, dass dies nicht der erste Lynchmord war. Palästinenser wurden schon seit langem von Siedlern gelyncht, dennoch gibt es keinerlei Entschuldigung für derartige Taten durch Palästinenser in Ramallah. Die beiden Soldaten waren von einer aufgebrachten Menge, die an einer Begräbnisprozession teilgenommen hatten, aus Rache für vier am Tage zuvor von israelischen Soldaten und Siedlern umgebrachte Palästinenser gelyncht worden.

Hans Lebrecht telefonierte mit Souleiman Al Nadjab, einem Mitglied des Exekutivkomitees der PLO. Souleiman war einmal mein Mandant und Freund, ein Friedenskämpfer, der an die Abkommen von Oslo glaubte. 1993 hatte er mir vorgeworfen, ich sei viel zu skeptisch, als ich hinsichtlich der Abkommen von einem Fehlschlag sprach. Souleiman war 1974 grausam vom israelischen Geheimdienst Schin Beth gefoltert worden. Bis heute glaubt er, dass ihm meine juristische Einmischung damals das Leben rettete.

Souleiman sagte nun zu Hans Lebrecht, er bedaure die unmenschliche Lynchtat seiner Landsleute sehr, doch die Schuld an solchen Vorkommnissen liege »bei den nun schon seit zwei Wochen andauernden Mordtaten der israelischen Besatzer, die ja auch vom Sicherheitsrat verurteilt wurden. Barak und die ihm zur Verfügung stehende Kriegsmaschinerie könne noch so viel Zerstörung (anrichten) und Mordtaten begehen, sie würden aber nicht imstande sein, den Volkswiderstand gegen die unmenschliche Besatzung und gegen die Lynch-Pogrome der Siedlerbanden zu brechen. ›Wir Palästinenser werden uns nicht einem mit Waffenterror aufgedrängten Diktat beugen‹, betonte Al Najab«.

Dasselbe hat mir Souleiman im April 2001 telefonisch aus Jordanien mitgeteilt. Und er betonte noch einmal, dass die Palästinenser Frieden wollten, dass sie aber nicht kapitulieren werden.

Der November 2000 war nicht weniger blutig als der Oktober. Die von Orwell so glänzend beschriebene Ummünzung des Wortsinns in sein Gegenteil war in vollem Gange. Die grausamen, brutalen Maßnahmen gegen die Palästinenser wurden offiziell als »Politik der Zurückhaltung« bezeichnet. Amira Hass, Korrespondentin von *Ha'aretz*, die aus den besetzten Gebieten berichtet, schilderte damals mit Sarkasmus die Ergebnisse dieser »Zurückhaltung«:

»Israels Politik der Mäßigung führte im Verlauf der vergangenen sechs Wochen bis zum gestrigen Morgen zu folgenden Ergebnissen: 179 Palästinenser sind von der israelischen Armee getötet worden, 48 davon waren noch keine 17 Jahre alt. Etwa 8 000 Personen wurden verwundet; davon werden an die 1 200 Personen lebenslang Krüppel bleiben. Tausende Menschen können die Wirksamkeit israelischer Munition bezeugen: Kugeln aus Schnellfeuergewehren, die Knochen und innere Organe zerfetzen, Kugeln, welche Schädel aufreißen, Gummigeschosse, die Augen aushöhlen, Raketen, welche Gebäude zerstören, Häuser, die durch massiven Beschuss in Flammen aufgehen, Leuchtbomben, die inmitten der Nacht eine ganze Wohngegend, die sich ungeschützt unterhalb einer auf dem Hügel liegenden Siedlung befindet, in helles Licht tauchen. Die Politik der hermetischen Abriegelung hat an die 100 000 Tagelöhner, die in Israel arbeiten, schlagartig ihres Lebensunterhalts beraubt. Weil die Löhne schon über einen Monat lang ausbleiben, sind alle geschäftlichen Aktivitäten im Alltag davon betroffen, und die palästinensische Wirtschaft erleidet wegen der Abriegelungen innerhalb des Gazastreifens und der Westbank zusätzliche Schäden. Die normale Mobilität zwischen den Städten ist zum Erliegen gekommen; das einzige Geschäft für Busunternehmen ist der (kostenlose) Transport von Trauernden zu den täglich stattfindenden Begräbnissen; die Oliven werden schwarz an den Bäumen, weil die Besitzer der Haine ihre Dörfer nicht verlassen dürfen; in den vergangenen Wochen wurden Tausende von Obst- und Olivenbäumen entwurzelt, damit die israelische Armee ihre Feuerkraft und ihre Beobachtungsstandorte verbessern kann; die alte Stadt Hebron und ihre 40 000 palästinensischen Bewohner stehen unter Ausgangssperre.« (Ha'aretz, 15. November 2000)

Sieben Tage später berichtete die *Ha'aretz*-Korrespondentin, dass viele Palästinenser, die während der vergangenen Jahre enge Freundschaftsbeziehungen mit israelischen Friedensaktivisten unterhielten, nicht verstehen könnten, weshalb die israelische Öffentlichkeit, darunter auch ein Teil der Friedensaktivisten, sich so schnell an die kollektiven Bestrafungen der Palästinenser gewöhnt, diese mehr oder weniger akzeptiert hätten.

Die Palästinenser beklagen nicht nur die Kollektivstrafen, sondern auch das kollektive Schweigen darüber. Diese Klage ist völlig berechtigt. Gehören die Friedensaktivisten zum Typus des Shimon Peres, muss sich niemand wundern, wenn sie nun ihr »zweites« Gesicht zeigen. Die anderen jedoch, die Aufrichtigen, schulden sowohl den Palästinensern als auch uns eine Erklärung.

Es ist ein Segen, dass es doch noch konsequente Friedensgruppen und Friedensaktivisten in Israel gibt, die in Wort und Tat gegen das Unrecht vorgehen. Auf sie werde ich noch zurückkommen.

Und noch ein Trost: Sami, mein palästinensischer Adoptivsohn, der in den USA lebt, hat mich angerufen. »Es gibt eine jüdische Gruppe, die in Chicago entstanden ist. Sie hat mich so ermutigt und meinen Glauben an die Menschen gestärkt«, sagte er zu mir. Diese Gruppe hat eine öffentliche Erklärung folgenden Wortlauts abgegeben:

> Nicht in meinem Namen,
> auch nicht im Namen meines Glaubens
> eine Webseite für Juden,
> die – gerade weil wir Juden sind –
> über die Brutalität der israelischen Regierung den
> Palästinensern gegenüber
> nicht länger schweigen können.

Diese jüdische Gruppe hielt während des Hanukka-Festes im Dezember 2000 in Chicago Mahnwachen neben dem israelischen Konsulat ab. Sie beweist, dass nicht alle Juden in den USA zu der berüchtigten pro-israelischen Lobby zählen, die alles, was Israel tut, bedingungslos unterstützt und damit in der Tat dem israelischen Volk einen Bärendienst erweist.

Es gibt noch weitere jüdische Friedensgruppen in den USA. Ein Lichtblick in diesen finsteren Zeiten.

Auch aus Israel gibt es etwas Erfreuliches zu berichten. Im März 2001 war zu lesen: »Schon mehr als 600 israelische Armeeangehörige und Reservisten, darunter einige Offiziere und Unteroffiziere, haben seit Beginn des palästinensischen Aufstandes vor nahezu sechs Monaten ihren Kommandeuren brieflich mitgeteilt, dass sie den Dienst in den besetzten Gebieten verweigern, da sie aus Gewissensgründen keinen Anteil haben können, ein anderes Volk, das palästinensische Nachbarvolk, zu unterdrücken. Das teilte die Organisation *Jesch Gwul* (auf Deutsch: Es gibt eine Grenze, im Sinne von: bis hierher und nicht weiter) in einer Presseerklärung mit.«

Viele von ihnen landen für solch eine Verweigerung im Militärgefängnis: »Vor etwa zwei Monaten wurden erstmals auch vier Soldatinnen zu Haftstrafen verurteilt, weil sie den Dienst in den besetzten palästinensischen Gebieten aus eben denselben Gewissensgründen verweigert hatten«, hieß es im März 2001.

Die Haltung der Wehrdienstverweigerer ist ein gutes Zeichen – ein Hoffnungsschimmer.

Der Auftrag

»Geburtstag im Zeichen der Intifada: Felicia Langer wird heute in Tübingen 70 Jahre alt«, schreibt Ulrike Pfeil am 9. Dezember 2000 im *Schwäbischen Tagblatt*: »Vor zehn Jahren, an ihrem 60. Geburtstag, wurde sie in Stockholm mit dem Alternativen Nobelpreis für ihren Einsatz als israelische Anwältin für die Menschenrechte der Palästinenser ausgezeichnet. Es war zugleich der dritte Jahrestag des Palästinenser-Aufstandes Intifada. Heute wird Felicia Langer, die seit zehn Jahren in Tübingen lebt, 70, und eine neue Intifada erschüttert Israels besetzte Gebiete. Auch Felicia Langer kommt nicht zur Ruhe. (...) Göttingen, München, Berlin, Dresden, Leipzig, Magdeburg, Heidelberg, Stuttgart, Bad Mergentheim – kaum ein Tag im Terminkalender von Felicia Langer bleibt zurzeit frei von Vorträgen, Fernsehauftritten und Interviews. Warum sie diesen Stress auf sich nimmt? ›Als ich den Preis erhielt, habe ich das als einen Auftrag für die Zukunft verstanden.‹ Die Zukunft hat sie aus diesem Auftrag nicht entlassen.«

Eine Veranstaltung in Göttingen an der Uni. Hunderte sind gekommen. Ein palästinensischer Student distanziert sich öffentlich und mit Nachdruck von Rechtsradikalen, die den Palästinensern gegenüber Sympathie geäußert haben. »Die Palästinenser wollen auf keinen Fall solche Verbündeten haben. Sie sind entschieden gegen Rassismus und Antisemitismus und sind für Frieden und Gerechtigkeit mit Israel«, sagt er und erntet Applaus vom Publikum und von mir.

Ich fahre quer durch Deutschland, erkläre die Ursachen der neuen Intifada, plädiere für Solidarität mit den leidenden Palästinensern und mit denjenigen in Israel, die sich für Frieden mit Gerechtigkeit einsetzen. Diese Solidarität ist nicht antiisraelisch, im Gegenteil, sie würde uns nur zugute kommen. Antiisraelisch ist die israelische Regierungspolitik, die dazu führt, dass auch unsere Mütter und Väter ihre Söhne und Töchter begraben, um die sie den Rest ihres Leben trauern werden. Jeder Tropfen Blut ist einer zu viel.

Tausende hören mir zu, und ich möchte die Botschaft vom gerechten Frieden überzeugend verkünden und auch erklären, warum es die Pflicht der Deutschen ist, sich einzumischen. Ich sage den ZuhörerInnen, dass in diesem Land schon einmal geschwiegen wurde, wenn auch in einer anderen Zeit und unter anderen Umständen. Das Schweigen angesichts von Unrecht hat vor allen dann, wenn es den Opfern helfen könnte, die Stimme zu erheben, einen Beigeschmack von Mittäterschaft. (Dazu mehr in meinem Buch »Brücke der Träume«, Göttingen 1994, S. 206 f.)

Jahrelang habe ich in Deutschland hartnäckige Versuche, mich mundtot zu machen, erlebt und sie ganz gut überlebt. Bis dato waren sie alle vergeblich.

Die hasserfüllten Verleumdungen eines Ralph Giordano und von verschiedenen jüdischen Gemeinden in Deutschland, aber auch seitens anderer haben mich nicht zum Schweigen gebracht. Sie haben auch nicht die Zahl derer, die meine Botschaft hören möchten, verringert. Im Gegenteil. Aber die Versuche gehen weiter, weil die traurige Wahrheit unbequem ist, und man hofft, sie verbergen zu können. Immer wieder wird zur altbekannten Erpressungsmethode gegriffen: Wer Israel kritisiert, ist entweder ein Antisemit oder schürt den Antisemitismus. So versucht man, leider mit Erfolg, kritische Stimmen zum Schweigen zu bringen. Die Deutschen haben ohne Zweifel die Pflicht, gegen jedes Anzeichen von Rassismus, Antisemitismus und Fremdenhass zu kämpfen. Da aber die Menschenrechte und das Völkerrecht unteilbar sind und sie für alle Geltung haben, besteht die Pflicht, auch die israelischen Menschen- und Völkerrechtsverletzungen zu kritisieren.

Einen Versuch, mich zum Schweigen zu bringen, habe ich im Herbst 2000 mit dem Sender 3SAT erlebt. Ich wurde am 22. November 2000 zu einer Podiumsdiskussion mit Gerd Ruge eingeladen. Die Teilnehmer sollten, wie mir mitgeteilt wurde, der amtierende israelische Botschafter in Deutschland, Levy, der PLO-Botschafter Frangi und ich sein. Ich bekam Bahntickets nach Mainz zugeschickt, und alles wurde von der Redaktion organisatorisch geregelt.

Zwei Tage vor der Sendung benachrichtigte mich jemand vom Produktionsstab des Senders per Handy – ich war gerade im Wentorf-Gymnasium in der Nähe von Hamburg bei einer Veranstaltung –, dass mein Beitrag in der Sendung nicht zustande kommen könne. Meine sofortige Reaktion war, man solle mir doch klar sagen, dass der israelische Botschafter ein Veto gegen meine Teilnahme eingelegt habe. Der Produzent bestätigte das zwar nicht, aber er verneinte es auch nicht. Er sagte lediglich, die Sendung sei umstrukturiert worden, und er äußerte sein Bedauern.

Nach meiner Rückkehr nach Tübingen erfuhr ich telefonisch vom PLO-Vertreter Frangi, dass er aus Solidarität mit mir seine Teilnahme an der Sendung abgesagt habe. Für den israelischen Botschafter war eine Stimme wie meine, die die Haltung der aktiven Friedensbewegung in Israel widerspiegelt, offenbar zu viel gewesen, und 3SAT hat sich seinem Wunsch gebeugt.

Die Sendung von NTV »Bei Maischberger«, in der ich am 1. November 2000 eine halbe Stunde lang interviewt und die mehrere Male ausgestrahlt wurde, zahlreiche Gespräche mit Zeitschriften und dem Hörfunk – vor und nach der Geschichte mit 3SAT –, sind der Beweis, dass nicht alle zu »beugen« sind.

Viele Male habe ich erfahren, dass die Brücke, die ich zwischen uns und den Palästinensern zu schlagen versuche, während meiner Veranstaltungen vorhanden ist: Manchmal sind es die Angehörigen meiner ehemaligen Mandanten, manchmal solche, die seit Jahren meine Bücher auf Arabisch in den besetzten Gebieten oder in den arabischen Ländern gelesen haben.

Ein palästinensischer Student in Göttingen sprach zum Beispiel bei einer Tagung von *amnesty international* davon, dass ich mich, als er noch ein Kind war, für das Land seiner Familie in dem Dorf Salfit eingesetzt hatte, und er sei glücklich, mir heute zu begegnen. Viele Male sagten mir Palästinenser, solange es Israelis wie mich gäbe, sollte man die Hoffnungen auf Frieden nicht verlieren.

Den Vorwurf einseitig zu sein, den ich manchmal zu hören bekomme, weise ich zurück mit der Begründung, meine Einseitigkeit bestehe allein darin, dass ich mich immer auf die Seite des Unterdrückten gegen den Unterdrücker stelle, immer den Gefolterten gegen den Folterer verteidige und keinerlei Verständnis für Unterdrücker und Folterer aufbringe.

Meine wichtigen Stützen in den schweren Zeiten waren – außer meinem Mann Mieciu und der Familie – unsere lieben Freunde Heidi und Reinhard Crämer. Reinhard hat mich viele Male zu Veranstaltungen gefahren, Heidi war auch viele Male dabei. Ihre liebevolle Begleitung und Anteilnahme, das politische Verständnis von Menschen, die jahrelang in der Friedensbewegung tätig waren, sind für mich ein wirklicher Segen.

Eine der Veranstaltungen in Stuttgart – sie fand am 29. November 2000 statt – ist besonders erwähnungswert. *Darum*, die Zeitschrift des Evangelischen Missionswerks in Südwestdeutschland, hat im Februar 2001 einen Teil meiner Rede veröffentlicht und folgenden Bericht über die Veranstaltung unter dem Titel »Den Friedenskräften den Rücken stärken« geschrieben:

»Eine kleine, aber sehr engagierte Minderheit in Deutschland versucht, auf die zunehmende Gewalt in Israel/Palästina aufmerksam zu machen und von hier aus Schritte zu einem Frieden, der auf Gerechtigkeit beruht, zu fördern. Die Beteiligten schicken Protestbriefe an Botschaften und Politiker/innen, halten ökumenische Friedensgebete ab und geben Informationen aus Israel/Palästina weiter. Viele scheinen das Gefühl zu haben, wenig Gehör zu finden. Wer eindeutig Stellung gegen das Unrecht an den Palästinensern und Palästinenserinnen bezieht, hat zudem Mühe, sich nicht in die Ecke der ›Israel-Hetzer‹ drängen zu lassen.

Ein Beispiel: Stuttgart, 29. November 2000. Felicia Langer, Menschenrechtlerin und Autorin, hält einen Vortrag unter der Überschrift ›Lasst uns wie Menschen leben‹. Sieben Institutionen vor allem von der evangelischen und katholischen Kirche, darunter das EMS, die Frauenarbeit der Evangelischen Landeskirche und das Katholische Bildungswerk Stuttgart, haben dazu eingeladen. Viele jüngere und ältere Menschen sind der Einladung gefolgt, der Gemeindesaal der Eberhard-Kirche ist überfüllt. Die in Deutschland lebende Israelin berichtet mit eindeutigen und eindringlichen Worten über ihre Einschätzung des aktuellen Konflikts in Israel/Palästina und fordert Einmischung gerade von den Deutschen. Ein Besucher, der sich als Mitglied der Jüdischen Gemeinde zu erkennen gibt, meldet sich wiederholt protestierend zu Wort. Der Veranstaltungsleitung und dem Publikum gelingt es aber, die Wogen zu glätten und nach dem Vortrag eine Diskussion zu führen, in der alle Teilnehmer/innen mit ihren gegensätzlichen Meinungen zu Wort kommen können. Felicia Langer erwähnt, wie schwer es ihr fällt, sich so kritisch über die von ihrem eigenen, israelischen Volk begangenen Menschenrechtsverletzungen zu äußern. Sie betont, dass sie die Gewalt auf beiden Seiten verurteile und alle Toten beweine, die palästinensischen und die israelischen.

Am gleichen Abend haben die Mitglieder der Synode der württembergischen Landeskirche spontan ihr Abendgebet vor den Eingang der Synagoge verlegt. Sie wollen damit ein Zeichen der Solidarität setzen und öffentlich gegen Übergriffe auf jüdische Einrichtungen eintreten. Nach der Veranstaltung schreibt die Jüdische Gemeinde scharfe Protestbriefe an die Veranstalter des Vortrags und an den Landesbischof. Sie ist empört, dass die Kirche einerseits bei der Jüdischen Gemeinde bete, andererseits aber eine solche angeblich ›einseitige‹ Veranstaltung unterstütze.«

Die Jüdische Gemeinde hat sich also zu Wort gemeldet und mich auf böse Weise abgeurteilt. Dies ist für mich nichts Neues. Ich möchte nur noch ein paar Worte über den erwähnten »Besucher« sagen, über den in dem Artikel – mag sein aus Höflichkeit – sonst nichts berichtet wurde.

Der »Besucher« stellte sich damals nicht nur als Mitglied der Jüdischen Gemeinde vor, sondern auch als Vertreter von »Yad Waschem, der Gedenkstätte für den Holocaust in Israel, offenbar, um bei den Deutschen eine besondere Schuldreaktion hervorzurufen. Er fing sofort an, die Veranstaltung laut und aggressiv zu stören, und ich konnte am Anfang überhaupt nicht zu Wort kommen.

Der Begriff »Besetzte Gebiete« hätte ihn wütend gemacht. Er schrie, dies sei falsch. Wie könne ich von besetzten Gebieten sprechen, wenn das doch eine Autonomie sei. Ich will hier nicht alle seine »Perlen« zitieren; ich hatte das Gefühl, dass er bemüht war, die Veranstaltung platzen zu lassen.

Mein Mann hat gegen diese Störung laut protestiert. Einige empörte Zuhörer reagierten mit »Raus«-Rufen. Die Einmischung der Organisatorin und die allgemeine Ablehnung beruhigten den »Besucher« endlich, und ich konnte meinen Vortrag halten.

Während des zweiten Teils des Abends, der Diskussion, sagte der »Besucher« unter anderem, dass die palästinensischen Mütter 300 US-Dollar für jedes zur Demonstration geschickte Kind bekämen und man deshalb so viele demonstrierende Kinder sehe. Diese Art von Gräuelpropaganda, bei der die palästinensischen Mütter als Unmenschen dargestellt werden, hatte ich zuvor schon gehört. Sie stammt aus israelischen Regierungskreisen. (Etwas Ähnliches hörte ich leider auch von Paul Spiegel, dem Vorsitzenden des Zentralrats der Juden in Deutschland, bei einer Diskussion in N3 am 13. April 2001.) Bei der Veranstaltung in Stuttgart habe ich ruhig und sachlich zu solchen Behauptungen Stellung genommen und die Fragen der Zuhörer beantwortet, obwohl der »Besucher« auch während der Diskussion zu stören versuchte.

Ich schilderte das tragische Schicksal der palästinensischen Kinder, die in der Atmosphäre der Gewalt unter der Besatzung leben. Kinder, deren Häuser man zerstört. Ich zeigte am Overheadprojektor Bilder, die dies belegen. Die Kinder sind traumatisiert, voller Hass- und Rachegefühle, die durch die Unterdrückung und Zerstörung verursacht wurden. Deshalb gehen sie auf die Straße. Sie tun das von sich aus. Was für eine Situation haben wir geschaffen, in der sogar Kinder ihre Unversehrtheit und ihr Leben riskieren, um zu protestieren?

Der »Besucher« verließ noch vor Ende der Veranstaltung demonstrativ den Saal. Erleichterung machte sich im Publikum breit.

Erst ein paar Tage später ist uns klar geworden, dass der »Besucher«, ein Kaufmann aus Göppingen, mich bereits 1991 bei einer Veranstaltung in Göppingen absichtlich gestört hatte. Auch damals waren seine Störmanöver vergeblich gewesen.

Ich weiß nicht, was solche Auftritte bezwecken sollen. Sie sind einzig und allein kontraproduktiv. Eine der in Stuttgart

Anwesenden meinte, dass die Art und Weise, wie dieser Herr aufgetreten sei, sehr wohl Unmut und negative Gefühle hervorrufen können. Es wäre eindeutig er gewesen, der solch eine Ablehnung provoziert hatte, und nicht ich, als ich das Unrecht anprangerte, was ja auch im Sinne des Guten und Menschlichen des Judentums geschah.

Ein Bericht aus den besetzten Gebieten vom 4. Dezember 2000 ist erschreckend: Die Israelis beschossen vier Stunden lang Bethlehem, das Flüchtlingslager Aida, Beit Dschala und Beit Sahour mit seinem für das Christentum heiligen Feld der Hirten.

»Die kriegerische Auseinandersetzung begann, wie schon oft, um die für gläubige Juden, Christen und Muslime heilige traditionelle Grabstätte der biblischen Prophetenmutter Rachel«, schreibt Hans Lebrecht. »Israelische Truppen untersagten, wie immer häufiger üblich, Muslimen die Ramadan-Gebete an dieser auch für sie heiligen Stätte abzuhalten. Steine flogen, Schüsse fielen von beiden Seiten. Und dann griffen die israelischen Kampfhubschrauber ein und feuerten wieder Raketen in die Stadt und zerstörten und beschädigten mehrere Gebäude. Israelische Panzer feuerten ebenfalls Granaten in die Menge und auf Gebäude vor der von Israel befestigten Grabstätte der Rachel und den angrenzenden muslimischen Friedhof. Die Palästinenser sprachen von mehr als hundert, zum Teil schwer verletzten Einwohnern.«

Dies war die Lage im Heiligen Land kurz vor Weihnachten 2000. Und das Grauen hat seitdem kein Ende genommen und mit ihm mein Auftrag.

Palästinensische Nichtregierungsorganisationen berichteten in Jerusalem am 21. Dezember 2000 über Trauma-Symptome in Palästina. Die Berichterstatterinnen sind mir fast alle gut bekannt. Langjährige Kämpferinnen für die Rechte der Frauen und für den Frieden. Sie haben gewaltfrei gegen die Besatzung gekämpft. Auch Dr. Moustafa Bargouthi ist darunter, der Sprecher der *Union medizinischer Hilfskomitees* und der Vorstand des *Palästinensischen Instituts für Gesundheit, Entwicklung, Information und Politik*, den ich seit Jahren als Friedensaktivisten kenne. Ihre Berichte sind am 22. Dezember 2000 in der *tageszeitung* so zusammengefasst worden:

»Bereits jetzt seien 320 Palästinenser getötet und nahezu 11 000 verwundet worden, von denen rund 1 500 permanent behindert bleiben würden, sagte die Ärztin Dr. Lama Jamjoun. 43 Krankenwagen seien von Soldaten oder Siedlern beschädigt, 80 Ärzte und Krankenpfleger verletzt, Krankenhäuser in Ostjerusalem, Bethlehem und Hebron beschossen worden. Verwundete, Kranke und schwangere Frauen in belagerten Dörfern hätten keine Möglichkeit, in Hospitäler zu gelangen. Fünf Menschen seien bereits an Straßensperren gestorben, als Soldaten ihnen die Passage verweigerten. Die Abriegelung blockiere auch die Medikamentenversorgung, Zuckerkranke bekämen keine Dialyse, Kinder keine Impfungen mehr.

Angst und Tod, Verwundung, Vertreibung und Verlust von Angehörigen haben zudem verheerende psychologische Auswirkungen, vor allem auf Kinder. Rana Nashashibi vom *Palästinensischen Beratungszentrum* wies darauf hin, dass chronische Magenschmerzen, Hautausschlag, Schlaflosigkeit und Konzentrationsmangel als Trauma-Symptome auftauchen.

Da Eltern bei Raketenbeschuss und Bombardierungen keinen Schutz bieten können, sei das Sicherheitsgefühl der Kinder vollständig gestört, berichtete Nashashibi weiter.

Man habe beobachtet, dass der Wunsch zur Teilnahme an aggressiven Demonstrationen mit dem Ausmaß der Traumatisierung wachse.«

Ich musste an die Mütter denken, die ihre Kinder angeblich für Geld zu Demonstrationen schicken...

Dr. Bargouthi berichtete darüber hinaus, dass die Abriegelungen katastrophale Auswirkungen auf die palästinensische Wirtschaft hätten, die seit Ende September bereits 25 Prozent des Bruttoinlandsprodukts eingebüßt habe, und das bei einer Arbeitslosigkeit von 40 Prozent. Mehr als eine Million Menschen lebten unter der Armutsgrenze.

Gleichzeitig erhielt ich Nachrichten, als seien sie direkt für mich, die glückliche Großmutter von Naomi, bestimmt. Szenen von Straßensperren, die Amira Hass in *Ha'aretz* am 20. Dezember 2000 schilderte.

Amira Hass stammt aus einer Familie, die den Holocaust überlebte. Dies habe sie geprägt, sagte und schrieb sie immer wieder.

Die Journalistin beschrieb einen Palästinenser, der neben einer Straßenbarrikade, einem Erdwall, nicht weit von Bethlehem, stand. Eine so große Erdaufschüttung ist nur schwer und nur zu Fuß passierbar.

Der Palästinenser zeigte der Korrespondentin eine Plastikflasche, welche er aus der Tasche seiner Jacke herausholte. »Sie sehen«, sagte er, »dies ist Milch, die Milch meiner Frau. Meine Frau hat vor zwei Tagen eine Tochter geboren. Das Kind ist krank im Krankenhaus geblieben. Meine Frau ist auch nicht gesund, sie kann nicht über diese Barrikade klettern. Mit dem Auto oder der Ambulanz kann man die Barrikaden auch nicht passieren. Deshalb bringe ich die Milch meiner Frau ins Krankenhaus, damit das Baby gefüttert werden kann.«

Meine Schwiegertochter Sylvie besucht mich mit Naomi. Das sind meine glücklichen Stunden, die ich so sehr brauche, um weiterarbeiten zu können. Ich erzähle Sylvie die Geschichte mit der Milch. Sie ist betroffen. Danach beobachte ich, wie sie Naomi stillt. Die Kleine sieht vergnügt aus, sie fühlt die Wärme des Körpers ihrer Mutter.

Max Frisch hat einmal gesagt, man solle nur die Wut nicht verlieren. Meine Wut kann noch viele ernähren, und mit ihr schließe ich das Dezember-Kapitel der Intifada.

Die Wahlen in Israel,
der Premierminister und die Regierung

Das israelische Parlament, die Knesset, stimmte am 28. November 2000 für vorgezogene Neuwahlen für den Posten des Premierministers. Überraschend verkündete Premierminister Barak seine Einwilligung zu diesem Schritt. In seiner Rede sagte er unter anderem, dass er keine Angst vor Neuwahlen habe, weil er bisher alle Wahlen gewonnen hätte.

Über den Aufstand der Palästinenser meinte er: »Unsere Armee ist stark, sie hat alle Macht, um die Terroristen zu besiegen. Sie wird, wie immer, siegreich bleiben, und die Palästinenser zwingen, unsere gut gemeinten Vorschläge für den Frieden zu akzeptieren.«

Die alte, arrogante Haltung: die siegreiche Armee, die Aufständischen, die Terroristen sind, die Palästinenser, die zum Frieden unfähig sind, die man zu ihm zwingen muss.

Um für sich einen besseren Stand bei den Wahlen erzielen zu können, war Barak trotz allem darauf aus, Arafat noch vor dem Urnengang dazu zu bewegen, einen Vertrag oder, wenn das nicht möglich wäre, zumindest einen Vertragsentwurf zu unterzeichnen. Dieser sollte allerdings nur den israelischen Wünschen entsprechen – so zum Beispiel hätte er die Preisgabe von großen Teilen der Westbank, der heiligen Stätten des Islam auf dem Haram al-Sharif und anderes mehr beinhaltet.

Die palästinensische Reaktion war prompt und kam von Dr. Saeb Erikat, dem Leiter des palästinensischen Verhandlungsteams. Er sagte, dass Barak den Frieden mit den Palästinensern sofort erreichen könne, wenn Israel alle 1967 besetzten Gebiete, einschließlich Ostjerusalem, der künftigen Hauptstadt der Palästinenser, räumen würde.

Diese einzig mögliche Friedensgrundlage hatte mit den Vorschlägen von Barak nichts gemein.

Am 6. Februar 2001 fanden die Wahlen statt. Zur Wahl standen zwei Kandidaten, zwei Generäle: der bis dato seit Juni 1999 regierende Ehud Barak, der Chef der Arbeitspartei und der »Ein Israel«-Allianz einerseits, und andererseits der Chef des rechtskonservativen Likud, der berüchtigte Ariel Scharon.

Der 1999 als Friedenstaube gewählte Barak, der sich gepriesen hatte, dass er den Palästinensern keinen Millimeter Land zurückgegeben hätte, wurde als der größte Siedlungsbauer seit 1992 »gewürdigt«. Früher hatte auch Barak in einer Eliteeinheit der Armee an israelischen Akten des Staatsterrors teilgenommen. Aber sein wichtigster Nachweis, seine Visitenkarte, war die brutale Unterdrückung der neuen Intifada gewesen: die vorsätzliche Tötung und Verletzung von Hunderten von Palästinensern, die Zerstörung von Häusern, die Bombardierung der Zivilbevölkerung, die Entwurzelung von Bäumen, die Belagerung der besetzten Gebiete als Kollektivstrafe und die Hinrichtung von Palästinensern, die Israel als Terroristen bezeichnete. Alle aufgezählten Handlungen sind laut Genfer Konvention Kriegsverbrechen.

Über den Kandidaten Ariel Scharon schrieb Hans Lebrecht: »Scharon machte sich einen unrühmlichen Namen als Kommandeur der in den frühen fünfziger Jahren wirkenden Armeeeinheit 101, welche mörderische Kommando-Raids, als

›Vergeltungsaktionen‹ getarnte Überfälle, auf die Zivilbevölkerung und palästinensischen Flüchtlingslager in den arabischen Nachbarländern verübte, denen Hunderte von Zivilpersonen zum Opfer fielen. Als ›Vergeltungs‹-Minister in einer Likud-Regierung galt Scharon als der Architekt der grausam durchgeführten Invasion bis tief in das Nachbarland Libanon hinein, bis zu dessen Hauptstadt Beirut. Tausende von Libanesen und vor allem Palästinenser wurden während dieses Abenteuers brutal umgebracht, nicht nur in den bekannt gewordenen Massakern in den Flüchtlingslagern Sabra und Schatila im eroberten Beirut, sondern auch in vielen anderen Orten, wie zum Beispiel in dem größten Flüchtlingslager Ein-el-Hilweh. Für seinen maßgeblichen Anteil an dem von der zu ihr angestifteten und aus nächster Nähe ›beobachteten‹ libanesischen faschistischen Phalange ausgeführten Massaker in Sabra und Schatila wurde Scharon seinerzeit von einer von der israelischen Regierung eingesetzten juristischen Untersuchungskommission als indirekt Mitverantwortlicher beschuldigt und als unwürdig befunden, als Verteidigungsminister weiter zu dienen. Inzwischen ist er für würdig befunden worden, sich aussichtsreich auf den Posten des Ministerpräsidenten zur Wahl zu stellen, eine Wendung, die nichts Gutes verspricht.«

Bei den Wahlen für das Amt des Premierministers erreichte Scharon 62,5 Prozent der gültig abgegebenen Stimmen, während für Ehud Barak 37,5 Prozent stimmten. In Jerusalem votierten 80 Prozent für Scharon, in Tel Aviv 50 Prozent für Barak. Die Anzahl der Wähler überstieg vier Millionen, wobei die Wahlbeteiligung bei 59 Prozent lag.

Nach dem Wahlsieg sprach Scharon unter anderem über eine Einheitsregierung. Dabei wandte er sich insbesondere an die Arbeitspartei, und er betonte, eine neue Ära der Sicherheit und der nationalen Einheit sei notwendig sowie Frieden mit den Palästinensern, was Kompromisse von beiden Seiten erfordere. Wie der Kompromiss seitens Israel aussehen würde, davon sprach er nicht. Aber man konnte die Kompromissbereitschaft seiner Politik erahnen anhand der Versprechen gegenüber seinen Wahlpartnern und den Siedlern: Alle jüdischen Siedlungen sollten nämlich in den besetzten Gebieten bestehen bleiben, und Israel wollte die alleinige Souveränität über ganz Ostjerusalem beibehalten.

Barak wollte die Verantwortung für seine Wahlniederlage übernehmen und erklärte, er werde alle seine Ämter, desgleichen sein Knesset-Mandat, nach Konstituierung der neuen Regierung niederlegen.

Aber auch hier bewies Barak seine Unzuverlässigkeit, weil er kurz darauf nicht nur seine Wahlniederlage vergessen zu haben schien, sondern weil er darüber hinaus im Alleingang die Verhandlungen für die Bildung einer breiten Koalition mit Scharon führte und zustimmte, das Amt des Verteidigungsministers in einer Regierung von Scharon zu akzeptieren.

Bei den Wahlen von 1999 hatten Barak viele arabische Wähler in Israel unterstützt. Da die arabischen Stimmberechtigten im Land etwa 14 Prozent ausmachen, war das kein unbedeutender »Beitrag«, zumal damals fast 95 Prozent der Araber in Israel Barak wählten. Doch bei der Wahl im Februar 2001 war alles anders: Das Vorgehen der israelischen Armee in den besetzten Gebieten, das eigene Leiden durch die fehlende

Gleichberechtigung in Israel, die Pogrome durch Rechtsradikale und die dreizehn Toten und vielen arabischen Verwundeten im Oktober 2000 in Israel hatten die Situation radikal geändert. Aus all den genannten Gründen boykottierten die Araber in Israel die Wahl fast völlig.

Ähnlich reagierten auch viele aus dem israelischen Friedenslager, die der Wahl entweder fernblieben oder ungültige Stimmzettel einwarfen. Sie waren der Meinung, dass Barak mit seinen so genannten Roten Linien die Verhandlungen mit den Palästinensern zum Scheitern gebracht hatte. Obendrein hätte er den Palästinensern dafür noch die Schuld angelastet.

Die in den Medien verbreitete Behauptung, die palästinensische »Sturheit« hätte Scharon dazu verholfen, an die Macht zu kommen, wurde von unseren konsequenten Friedensgruppen – zum Beispiel von *Gusch Schalom* – entschieden zurückgewiesen. Der Sprecher der Gruppe, Adam Keller, nannte unmittelbar nach den Wahlen die Ablehnungsgründe:

»Baraks Methode, den Palästinensern gegenüber einige wenige Konzessionen zu machen, aber viel zu wenige, während er aber von diesen verlangt, noch weitere Gebiete ihrer sowieso immer kleiner werdenden Heimat an Israel abzutreten, zudem ihnen das Recht der Flüchtlinge auf Rückkehr in ihre Heimat total absprach und die (israelische) Oberhoheit über weite Teile des besetzten Ostjerusalem und die für Muslime heiligen Stätten forderte sowie die palästinensische Führung darüber hinaus für den praktischen Zusammenbruch der Verhandlungen verantwortlich machte, hat viele Friedensaktivisten zu ihrem negativen Wahlverhalten getrieben.«

Nach einer Art Hausrevolte in der Spitze der Arbeitspartei, die den Zickzack-Kurs Baraks scharf kritisierte, teilte dieser dem gewählten Regierungschef Scharon mit, dass er dessen Regierung nicht dienen würde. Er wünsche ihm aber Glück, zusammen mit der Arbeitspartei eine Einheitsregierung bilden zu können. Seiner Partei teilte Barak schriftlich mit, dass er seinen Parteivorsitz ab sofort niederlege und nach der Bildung von Scharons Regierung aus dem politischen Leben ausscheide. In der Öffentlichkeit wurde die gute Beziehung zwischen Barak und Scharon viele Male betont und auf den Bildschirmen demonstriert. Barak erteilte Scharon eine Art »Freibrief«, indem er erklärte, dass alle seine Ideen oder Vorschläge bei den Verhandlungen mit den Palästinensern nun keine Geltung mehr hätten und null und nichtig wären.

Ende Februar 2001 stimmte das Zentralkomitee der Arbeitspartei mit knapper Zweidrittelmehrheit für eine Beteiligung an der Regierung Scharons. Dagegen stimmten Mitglieder des Zentralkomitees, welche prinzipiell gegen die Beteiligung an dieser Regierung waren, vor allem weil auch die beiden rechtsradikalen Parteien von Avigdor Liberman und Rahavam Zeevi der Regierung angehören sollten.

Zu den beiden Letztgenannten sind noch ein paar Worte zu sagen, damit erkennbar wird, wes Geistes Kind sie sind.

Avigdor Liberman ist der Vorsitzende einer Fraktion, die sich von Scharanskys Partei der Einwanderer abspaltete. Die Einwandererpartei selbst hat ihre Wählerschaft unter den aus den GUS-Staaten zugewanderten Juden. Liberman sprach sich öffentlich für einen Verhandlungsstopp mit den Palästinensern aus sowie für israelische Luftangriffe auf die Hauptstädte des Libanon, Syriens und des Irak.

Rahavam Zeevi und seine Gruppierung plädieren für den »Transfer« der Palästinenser aus der Westbank und der meisten Araber von Israel in die arabischen Länder, am liebsten nach Jordanien. Das heißt, er und seine Leute befürworten eine »Lösung«, die darauf hinausläuft, Millionen von Palästinensern gegen ihren Willen aus ihrer angestammten Heimat mit Gewalt hinauszubefördern. Das harmlos klingende Wort »Transfer« steht hier für massenhafte Deportation. Ariel Scharon hatte sich schon zur Zeit der Libanon-Invasion 1982 ähnlich geäußert, als er das Schlagwort »Jordanien ist Palästina« verwendete.

Das Zentralkomitee der Arbeitspartei wählte am 2. März 2001 in geheimer Abstimmung die Scharon zur Verfügung stehenden Minister aus ihren Reihen: Wichtig war natürlich der Posten des Verteidigungsministers, den der Ex-General und bisherige Verkehrsminister Benjamin Ben-Elieser mit 55 Prozent der Arbeitspartei-Stimmen zugesprochen bekam. Sehr zur Freude von Scharon, dessen politische Ansichten nicht allzu weit von ihm abweichen. Um diese Nähe zu charakterisieren, nannten die Medien die beiden »den großen und den kleinen Scharon«.

In einer Stellungnahme des Friedensblocks *Gusch Schalom* wurde daran erinnert, dass Ben-Elieser in seiner früheren Eigenschaft als Generalgouverneur für die besetzten Gebiete gegen jeden politischen oder anderen Widerstand gegen die Besatzung mit großer Brutalität vorgegangen war und die schon früher angewandte Methode der Kollektivstrafen zeitlich, geographisch und auf unmenschliche Weise verschärft hatte.

Meiner persönlichen Erfahrung nach kann ich die Verlautbarung von *Gusch Schalom* über Ben-Elieser voll bestätigen.

Ben-Elieser diente in der Regierung der Arbeitspartei unter Itzak Rabin von 1992 bis 1996 als Wohnungsbau- und Infrastrukturminister. Als solcher hatte er mit Eifer die völkerrechtswidrige Besiedlungspolitik in den besetzten Gebieten forciert.

Schließlich noch einige Worte zum ebenfalls ernannten Generalstabschef Schaul Mofas: Er ist als Hardliner bekannt, der für die Taten der Armee, die ich bis jetzt beschrieben habe und noch beschreiben werde, verantwortlich ist. Obwohl Mofas als Generalstabschef laut Gesetz zu öffentlichen Stellungnahmen nicht befugt ist, gab er der Tageszeitung *Ma'ariv* ein Interview und erklärte, dass man die Palästinensische Nationale Autorität und ihren Chef Arafat nicht mehr als Verhandlungspartner akzeptieren sollte, vielmehr als Terroristenorganisation, die, koste es, was es wolle, zu bekämpfen und zu zerstören sei.

Zum Außenminister wurde der Altmeister der Friedensphraseologie Shimon Peres einstimmig gewählt. Er hatte keinen Gegenkandidaten.

Zum ersten Mal in der Geschichte des Staates Israel gehört der Regierung auch ein »nicht-jüdischer« Minister an: der vom Zentralkomitee der Arbeitspartei gewählte Knesset-Abgeordnete Salah Tarif. Tarif ist Druse und gehört der drusischen Minderheit in Israel an, die etwa 95 000 Personen zählt, an die 1,5 Prozent der Bevölkerung in Israel. Er war bis zum Jahre 1980 Offizier in der israelischen Armee, später wurde er Bürgermeister im Drusendorf Julis. Seit 1992 vertritt er die Arbeitspartei als Abgeordneter in der Knesset.

Jassir Arafat, viele Drusen sowie Scharon beglückwünschten Salah Tarif zu seinem Ministeramt. Doch die Mehrheit der Araber in Israel verurteilten Tarifs Schritt, sich für diese »Regierung der Einheit«, der auch Rassisten wie Avigdor Liberman und Rahavam Zeevi angehören, als arabisches »Feigenblatt« zur Verfügung gestellt zu haben.

Scharon konnte sich freuen, dass er solch einen Alibi-Partner für seine Politik gewonnen hatte. Er hatte sicher nicht geglaubt, dass ihm die Arbeitspartei so leicht nachgeben würde. Der politische Kommentator von *Ha'aretz*, Akiva Eldar, meinte dazu:

»Scharons Leute sagen, er habe nicht geglaubt, dass die Partei, die das Land aufbaute, ihm so ohne weiteres nachgeben würde. Der Preis, den die Arbeitspartei zahlte und weiterhin zahlen wird, sei viel mehr wert als sechs Ministerposten, zwei Ministerien ohne Portfolio und zwei stellvertretende Minister.

Scharons Plan widerlegt die Behauptung, er sei ein großer Taktiker, aber ein schlechter Stratege. Die Arbeitspartei in die Koalition zu bekommen garantiert ihm, dass sich die Leute von der Arbeitspartei, solange nur einige von ihnen neben ihm im Kabinett sitzen, während andere draußen im Hinterhalt abwarten, schwer tun werden, einen Kandidaten, auf den sie sich einigen könnten, gegen ihn aufzustellen. Es ist kein Zufall, dass die Arbeitspartei kein einziges Ministerium für soziale Belange bekam. Scharon hielt die Arbeitspartei von den Finanzen, den Ressorts für Arbeit und Soziales, Erziehung, Gesundheit, Wohnungswesen und Nationale Infrastruktur fern. Likud, Schas und die Nationalreligiöse Partei sowie National-Yisrael Beitenu werden diejenigen sein, die die Gelder ausschütten und die Coupons in den Entwicklungsstädten und Siedlungen schneiden werden. Auf welches Verdienst wird sich die Arbeitspartei denn in zwei Jahren berufen, wenn sie in den armen Wohngegenden von Netanya Wahlkampf führen wird?« (Ha'aretz, 6. September 2000)

Akiva Eldar schrieb auch über die Tochter von Rabin, Dalia Rabin Pelosoff, die der Zentrumspartei angehörte, welche gegen die »Regierung der nationalen Einheit« war. Sie habe offenbar sehr schnell ihre Meinung geändert: »Es wurde bekannt, dass Yitzak Rabins Tochter stellvertretende Verteidigungsministerin in einer Regierung werden wird, der ein Mann vorsteht, der einmal dazu aufgerufen hat, man müsse Rabin den Prozess für die ›Verbrechen von Oslo‹ machen. Als sie gestern Morgen aus einem Seminar im Rabin-Zentrum kam, sagte sie, sie hätte keine emotionalen und ideologischen Probleme damit, in der Scharon-Regierung zu arbeiten.«

Am 7. März 2001, einen Monat nach seinem Wahlsieg, erhielten Ariel Scharon und seine Einheitsregierung das Vertrauensvotum des 120 Mitglieder zählenden israelischen Parlaments mit einer Stimmenmehrheit von 72 zu 21 Gegenstimmen.

»Die Scharon-Regierung mit ihren vorläufig 28 Ministern und 14 stellvertretenden Ministern umfasst ein Drittel der Knesset-Abgeordneten, das breiteste Kabinett in der Geschichte des Landes. Ein am Freitag (9. März) in den wichtigsten Presseorganen Israels veröffentlichter Aufruf des Friedensblocks *Gusch Schalom* nennt dieses Kabinett nicht nur das breiteste, sondern auch die für die Zukunft des Landes gefährlichste Regierung, in welcher ungeschminkte Rassisten Seite an Seite mit schamlosen Opportunisten und prinzipienlosen Abenteurern Ministersessel innehaben.

Die parlamentarische Opposition setzt sich aus der zehn-köpfigen links-zionistischen Meret-Fraktion (der Parteien Schinui, Mapam und der Bürgerbewegung), den sieben Abge-ordneten der Arabischen Union und den drei Abgeordneten der Chadash Front (an deren Spitze steht die Kommunisti-sche Partei Israels) sowie, unabhängig davon, der sechs Ver-treter starken anti-klerikalen, säkularen Schinui-Partei zusam-men.

In seiner Vorstellungsrede in der Knesset zeigte sich Scha-ron in der Maske eines jovialen und leutseligen Onkels (Ha'a-retz), der Einheit in der Regierung und Vereinigung der Volks-massen versprach, der eine Hand des Friedens an die Adresse der Palästinenser ausstreckte, aber gleichzeitig einseitig nur sie für das Scheitern der Friedensangebote aller bisherigen Regierungen Israels verantwortlich machte sowie für die seit sechs Monaten andauernden blutigen Ereignisse. ›Unglück-licherweise, trotz der von den beiden vorangegangenen Re-gierungen (Netanjahu und Barak) gemachten großzügigen Zugeständnisse, haben wir keinerlei Willen zur Aussöhnung vonseiten der Palästinenser gefunden‹, behauptete Scharon.

Von verschiedenen Medienkommentatoren wird als nega-tiv bewertet, dass hinter all dem Gerede von Frieden und Si-cherheit kaum ein Wort – weder vonseiten des neuen Regie-rungschefs, noch von seinen Koalitionspartnern, darunter Sprecher der Arbeitspartei, oder dem Oppositionsführer Jossi Sarid von Meretz – über die schlimmen sozialen und gesell-schaftlichen Probleme verloren wurde.

Noch ehe Scharon seine Regierung der Knesset präsen-tierte, nahm die Mehrheit des Parlaments mit 72 zu 37 ein Abänderungsgesetz an, welches die direkte Wahl des Minister-präsidenten, die 1992 eingeführt worden war, annullierte und das frühere Parteien-Verhältniswahlsystem wieder eingesetzt hat.« (Hans Lebrecht)

In der Zeitschrift *Between the lines* wurde im Februar 2001 ein Interview mit Professor Amnon Raz-Krakotzkin, einem Dozenten für Geschichte an der Ben-Gurion-Universität in Beer-Scheva, über Scharons Sieg veröffentlicht. Er teilt nicht die Meinung, dass der Wahlsieg von Scharon ein Sieg der »Kriegskräfte« und eine Niederlage der »Friedenskräfte« war. Auf eine entsprechende Frage antwortete er:

»Diese Einschätzung ist irreführend und ruft die falsche Vorstellung hervor, dass Barak tatsächlich ein echtes Friedensabkommen herbeigeführt und sich für die Sache aufgeopfert hätte. Barak wünscht, dass die Menschen den Sieg Scharons so wahrnehmen sollen, als sei nicht er (Barak) persönlich besiegt worden, sondern vielmehr seine ›mutigen‹ und ›großzügigen‹ Angebote für den Frieden.

Scharons Verbrechen sind wohl bekannt, wie auch seine ständige Ablehnung von jedem vernünftigen Kompromiss … Aber das Bangemachen vor Scharon ist übertrieben und gefährlich. Schon deshalb, weil die falsche Dichotomie zwischen Scharon, der angeblich zum ›Krieg‹ führen wird, und Barak und dem ›Friedenslager‹, die angeblich beabsichtigen, den ›Frieden zu bringen‹, dazu diente, die Politik der Barak-Regierung zu legitimieren, die während der letzten vier Monate brutal gegen den palästinensischen Aufstand vorging. In der Tat, wir sollten uns vielmehr daran erinnern, dass Barak und das ›Friedenslager‹ die brutalsten Mittel anwandten, die je gegen die palästinensische Bevölkerung seit Beginn der Besatzung eingesetzt worden sind.«

Professor Raz-Krakotzkin äußerte sich vorsichtig optimistisch, dass Scharon – sowohl im Land als auch im Ausland – mit einer verstärkten Opposition gegen seine Unterdrückungspolitik den Palästinensern gegenüber würde rechnen müssen.

Wenn man das Beispiel der Regierung Netanyahus vor Augen hat, so sind Professor Raz-Krakotzkins optimistische Erwartungen berechtigt. Der Unterschied ist aber, dass Netanyahu keinerlei Rückendeckung seitens der Arbeitspartei hatte und keinen PR-Experten wie Schimon Peres.

Ich möchte das Kapitel mit Jeff Halpers Bewertung der neuen Koalition und des Oslo-Prozesses schließen, die ich teile. Halper ist Koordinator des *Israelischen Komitees gegen Häuserzerstörungen*, zudem Herausgeber von *News from within* und Professor für Anthropologie an der Ben-Gurion-Universität in Beer-Scheva:

»Ariel Scharons Regierungskoalition, die sowohl Schimon Peres als auch die Hardliner der Ablehnung umarmt, lässt die Widersprüche konventioneller Unterscheidungen von links-rechts in der israelischen Politik klar hervortreten. Mehr als sieben Jahre nach den Oslo-Abkommen ist klar zu Tage getreten, dass die israelischen Führer nie einen wirklich lebensfähigen und souveränen palästinensischen Staat anstrebten, dass sie vielmehr nur einen ›Frieden‹ wünschen, der den Palästinensern eine begrenzte Unabhängigkeit unter umfassender israelischer Kontrolle zugesteht.

Der Oslo-Prozess, gekrönt von dem Camp-David-Gipfel im Juli 2000 und die Taba-Treffen im Januar 2001, boten eine Art ›Besatzung durch Zustimmung‹ an. Als aber die Politik der Besatzung, Besiedlung, Abriegelung und Militärkontrolle den palästinensischen Widerstand nicht zu brechen vermochte und stattdessen zu einer zweiten Intifada führte, entschied sich der breite, gemäßigte Links-Mitte-Rechts-›Konsensus‹ in der israelischen Politik zum Rückgriff auf die direkte Ausübung von Herrschaft.

Scharons Regierung der ›Nationalen Einheit‹ verkörpert den Schulterschluss um die härtest mögliche Ablehnungshaltung des Zionismus und Israels, bei der nicht einmal die Möglichkeit in Betracht gezogen wird, dieses Land mit den Palästinensern zu teilen – gleichviel, ob in einem oder zwei Staaten. Der Scharon-Regierung fällt dabei die Rolle zu, die Verzweiflung unter den Palästinensern so groß werden zu lassen, dass sie flehentlich die Kapitulation erbitten werden. Die Scharon-Regierung wird alles daransetzen, um die palästinensischen Hoffnungen auf einen lebensfähigen souveränen Staat zu zerstören und die Palästinenser ein für alle Mal zu besiegen. In dieser Hinsicht greift die ›Nationale Einheit‹ auf einen entscheidenden historischen Präzedenzfall zurück.«

Eine erschreckende Analyse. Sie zeigt, wie dringend notwendig der internationale Druck auf Israel ist, ebenso wie die Solidarität, die die Unterdrückten brauchen, um ihre und unsere besten Hoffnungen und Träume nicht begraben zu müssen.

Und noch mehr über Scharon

Vor mir liegt eine Petition vom 13. Januar 2001. In ihr rufen arabische Aktivisten und Organisationen in den USA dazu auf, Scharon anzuklagen und zu verhaften. »Beteiligt euch an dieser weltweiten Kampagne und der Forderung, Scharon vor Gericht zu stellen«, heißt es da.

In der Petition wird Scharons »Beitrag« zum Massaker von Sabra und Schatilya beschrieben, auf das ich bereits eingegangen bin, und eines seiner früheren Verbrechen erwähnt, das weniger bekannt ist: »Drei Jahrzehnte zuvor führte Scharon als junger Armeeoffizier ein israelisches Elitekommando an, die Einheit 101, die brutale Überfälle auf Palästinenser verübte. Das Massaker im Westbank-Dorf Qibya vom 14. Oktober 1953 war vielleicht das berüchtigste. Scharons Einheit sprengte in diesem Dorf 45 Häuser in die Luft und tötete 69 Zivilisten, zwei Drittel davon Frauen und Kinder.« (So der israelische Historiker Avi Shlaim in seinem jüngsten Buch »The Iron Wall« – Die eiserne Mauer.)

Das sind sehr klare Worte. Bei den nachfolgend zitierten Zeugenaussagen kann der Leser selbst beurteilen, ob die Belege genügen, um eine Anklage gegen Scharon erheben zu können.

Der israelische Korrespondent Gideon Levy von der Zeitung *Ha'aretz* besuchte das Dorf Qibya, in dem Scharon seine schrecklichen Spuren hinterließ, und interviewte dort Überlebende. Am 16. Februar 2001 beschreibt Levy in seiner Zeitung die schreckliche Nacht vom 14. auf den 15. Oktober 1953, als Scharons Truppe mit einem von Scharon persönlich formulierten Einsatzbefehl in das Dorf stürmte. »Planziel: Angriff auf das Dorf Qibya; seine Eroberung; maximales Zerstören und Töten«, lautete der Kampfauftrag.

Wie israelische Quellen berichten, war das eine Vergeltungsaktion für den Mord an Susanne Kenias und ihren zwei kleinen Kindern am 13. Oktober 1953 durch eingedrungene Fedayin, die eine Granate in ihr Haus in der Stadt Yehud östlich von Tel Aviv geworfen hatten. Dem israelischen Historiker Benny Morris zufolge, hatte Premierminister Ben Gurion die Operation Qibya persönlich autorisiert.

Gideon Levy stellt einen der Überlebenden vor, einen 75 Jahre alten Mann: »Er sprach die Namen von seiner Frau und seinen Kindern sehr langsam aus, betonte jede Silbe, als würde es ihm schwer fallen, sie aus den Tiefen seines Gedächtnisses heraufzubeschwören. Zwischen den Namen machte er eine Pause, wobei er den Namen jedes Kindes überdeutlich aussprach, so als wollte er die Erinnerung an jedes einzelne Kind einen Moment lang einzeln beschwören. Sha-a-ban, sieben Jahre alt; Mahmoud, fünf; Mavisir, zweieinhalb; ihre Mutter, seine Frau Tohafa, 23. Er fand ihre Körper beim ersten Licht des Tages, als er von den Hügeln zurückkam. Sie waren unbedeckt, tot, berührten einander und lagen dort, wo zuvor ihr Haus gestanden hatte. Von ihm gab es keinen einzigen Stein mehr, sagte er trocken, und wollte damit wohl beweisen, was viele behaupteten: Die Soldaten hätten, ehe sie die Häuser zerstörten, Granaten hineingeworfen, und genau das hätte zum Tode geführt. Für ihn ist es eine ungeheure Qual, sich daran zu erinnern. Er war lange unschlüssig, bis er schließlich einwilligte, mit uns zu sprechen. Alpträume rauben ihm den Schlaf. Seit Ariel Scharon, der Kommandant der Truppe, das Dorf erstürmte und seine Bewohner massakrierte, Kandidat für das Premierministeramt wurde, haben Dutzende von ausländischen Korrespondenten aus Frankreich, Deutschland, Belgien und Skandinavien Qibya besucht, und alle wollten mit den Überlebenden sprechen – doch kein einziger israelischer Journalist war bisher gekommen.«

Als der alte Mann seine Erinnerungen preisgab und davon sprach, was 47 Jahre zuvor geschehen war, wurden seine Tage schier unerträglich.

Gideon Levy fährt fort, das Massaker zu beschreiben: »Zwischen Mitternacht und 3.20 Uhr am Morgen des 15. Oktober sprengten die israelischen Soldaten mehr als drei Stunden lang 45 Häuser in die Luft, während die Bewohner sich noch in ihnen aufhielten. Pro Haus benötigten sie durchschnittlich mehr als 15 Kilo Sprengstoff. Morris zufolge griffen die Jordanier nicht ein. Die Sturmtruppen hätten daher reichlich Zeit gehabt, um nachzusehen, ob die Häuser leer waren. Das taten sie aber nicht. An die 70 Zivilisten wurden in ihren Häusern getötet, fast alle von ihnen waren Frauen und Kinder. Die Männer waren auf die nahe gelegenen Hügel geflohen, überzeugt davon, dass niemand ihren Frauen und Kindern ein Leid antun würde.«

Der *Ha'aretz*-Korrespondent besuchte ein Gemeinschaftsgrab, in dem 23 Opfer begraben wurden. Auf eine Wand, nicht weit von diesem Grab entfernt, hat ein Mitglied der *Demokratischen Front für die Befreiung Palästinas* ein modernes Graffiti gemalt und den Satz geschrieben: »Schluss mit dem Töten palästinensischer Kinder!« Ein junger Aktivist dieser Organisation sagte zu Gideon Levy, »in den vergangenen paar Monaten gab es 400 palästinensische Märtyrer, und die Person, die dafür verantwortlich ist, ist niemand anderer als Ehud Barak«.

Levy interviewte auch andere Dorfbewohner. Ihre Geschichten ähneln sich. Die Überlebenden, ihrer Kinder beraubte Eltern, verfluchen Scharon und hoffen, dass Gott ihn bestrafen wird. Einer von ihnen sagte jedoch: »Mir ist es egal, ob er gewählt wird oder nicht. Doch er wird derjenige sein, der am Ende Israel zerstören wird, bevor er stirbt. Denn er ist kein Mensch, der an Frieden glaubt.«

Das klingt fast apokalyptisch in meinen Ohren. Aber ich will noch einmal auf die erwähnte Petition zurückkommen, schon deshalb, damit ich diesen schrecklichen Gedanken nicht zu Ende denken muss. In der Petition wird noch Folgendes gesagt: »Die jüngsten Entwicklungen in der sich herausbildenden internationalen Gerichtsbarkeit (...) liefern überzeugende Beispiele dafür, wie die Straffreiheit beendet werden kann, die Ariel Scharon bislang genossen hat. Er sollte für die Verbrechen, für die er verantwortlich ist, angeklagt werden. Dies wäre ein erster Schritt in einem Prozess der Rechenschaftsablegung, ein Prozess, der Gerechtigkeit für seine Opfer und deren Familien bringt.«

Hoffentlich kommt der Tag, an dem die Gerechtigkeit wirklich unteilbar ist und an dem keine Doppelmoral mehr vorherrscht ... Nur dann wird man Scharon und andere vor Gericht bringen. Hoffen wir, dass das noch eintritt, bevor er und seine Kollegen von der Arbeitspartei den Mittleren Osten in Flammen aufgehen lassen.

»Sag nicht, du hättest nichts gewusst«

Die Professorin für Literatur an den Universitäten Tel Aviv und Utrecht Tania Reinhart schrieb diesen Satz als Überschrift für einen ihrer Artikel: »Sag nicht, du hättest nichts gewusst.« Ähnliches habe auch ich viele Jahre lang in Israel und außerhalb des Landes über das, was in Israel geschieht, öffentlich geäußert. Ja, man kann alles wissen, wenn man es nur wissen will. Die Anklagen der Menschenrechtsorganisationen, einschlägige Artikel in der Presse, die Berichte von Augenzeugen liegen seit langem vor, um sich zu informieren.

Tania Reinhart veröffentlichte Zahlen, die für sich sprechen. Sie gelten allerdings nur bis Anfang November 2000: »Bei der letzten Intifada (1987-1993) gab es innerhalb von sechs Jahren 18 000 verwundete Palästinenser. Heute haben wir allein in einem Monat bereits 7 000. Sie wurden in erschreckend hoher Zahl durch gezielte Schüsse mit scharfer und in zunehmendem Maße großkalibriger Munition am Kopf oder an den Beinen (Knien) verletzt. Viele werden sich davon nicht erholen oder ihr Leben lang behindert sein.« (Indymedia News, 7. November 2000)

Das Gleiche melden sowohl der Direktor des *Palästinensischen Zentrums für das glückliche Kind* am 4. Oktober 2000 als auch die Zeitschrift *Law* am 2. November 2000.

Tania Reinhart schrieb weiter: »Diese wiederkehrende Gleichartigkeit der Verletzungen kann nicht zufällig sein. Dan Ephron, der Korrespondent des *Boston Globe* in Jerusalem, berichtet über die Erkenntnisse von Ärzten, die für Menschenrechtsorganisationen arbeiten: ›Amerikanische Ärzte, die Israels Anwendung von Gewalt in der Westbank und im Gazastreifen geprüft haben, sind zu dem Schluss gekommen, dass israelische Soldaten, auch in Situationen, die nicht lebensbedrohlich sind, absichtlich auf Köpfe und Beine der palästinensischen Demonstranten schießen.‹ Mediziner der Delegation erklärten, dass Polizeibeamte weltweit dazu ausgebildet werden, in gefährlichen Situationen auf den Brustkorb zu zielen (weil dieser die großflächigste Zielscheibe bietet). Die Tatsache, dass die Palästinenser an Kopf und Beinen getroffen wurden, belege, dass es sich nicht um lebensbedrohliche Situationen gehandelt habe, denn die Soldaten hätten reichlich Zeit gehabt, und sie hätten mit Absicht versucht, unbewaffnete Menschen zu verletzen.«

Dr. Bargouthi, der Sprecher der *Union medizinischer Hilfskomitees* und der Vorstand des *Palästinensischen Instituts für Gesundheit, Entwicklung, Information und Politik*, nannte in einem Bericht vom 11. April 2001 folgende Zahlen: »Israels exzessive, willkürliche und unverhältnismäßige Anwendung von Gewalt gegen Palästinenser hat zur Verwundung von 14 500 Menschen und über 400 Toten geführt, von denen 89 Prozent Zivilisten und 33 Prozent noch keine 18 Jahre alt sind. Unter den 14 500 Verwundeten werden schätzungsweise 2 500 Zivilisten für den Rest ihres Lebens Behinderte sein.«

Man kann sich vorstellen, was eine permanente Behinderung in einer bitterarmen Gesellschaft, die um ihr Überleben kämpft, bedeutet.

Nach israelischen Quellen sind in der gleichen Zeit 70 Israelis getötet worden. Für mich, die ihr Leben lang für eine friedliche Lösung zwischen Israelis und Palästinensern gekämpft hat, ist jeder getötete Mensch einer zu viel.

Die Nachrichten über Selbstmordattentate in Israel erschüttern mich, und ich trauere um die Opfer. Ich verurteile die Anschläge schärfstens. Aber dies ist nicht genug: Man muss die Ursachen bekämpfen und nicht den Boden für Hass und Rachegefühle bereiten, so wie Israel dies tut. Alles, was ich bis jetzt geschildert habe, ist Beweis genug, dass das brutale israelische Vorgehen die Gewaltspirale weiter antreibt.

Ich komme noch einmal auf das massenhafte Töten und Verwunden von Palästinensern zurück. In all den Jahren, in denen ich mich mit den vielen Toten der ersten Intifada befasste, sodass man mich »Anwältin der Toten« nannte, wollte ich wenigstens einmal einen dieser Mörder in der israelischen Armee kennen lernen. Doch das gelang mir nicht. Und so blieb mir nichts anderes übrig, als mir vorzustellen, was in ihren Köpfen vor sich geht.

Der *Ha'aretz*-Korrespondentin Amira Hass gelang, was mir damals nicht gelungen ist, und ich erhielt die Gelegenheit, die Aussage eines dieser Mörder der jüngeren Generation zu lesen, die ich hier gekürzt wiedergebe.

Amira Hass wollte wissen, wie das Töten und Verwunden, vor allem das Töten von Kindern, bewerkstelligt wird. Sie interviewte einen jungen Scharfschützen der israelischen Armee und berichtete am 20. November 2000 darüber in *Ha'aretz*.

Amira Hass traf den jungen Mann in einer israelischen Stadt. Jene, die ihm bei den Demonstrationen gegenüberstehen, sind häufig in seinem Alter. Sie beschrieb ihn als scheu, aber offen – ein einfacher junger Israeli. Er sprach über sich selbst und entwarf damit eine Art Profil eines Scharfschützen. Er sagte ihr, dass er nicht wisse, wie viele Kinder bei den Gewaltausbrüchen in den vergangenen zwei Monaten getötet worden wären. Er sei sich aber sicher, dass die Armee »jeden erschießt, der erschossen werden muss«. Er beschrieb auch einige Soldaten, die auf das Schießen sehr scharf sind, und fuhr fort:

»Aber sogar ich sagte, bevor ich in der Armee war, dass ich mir alle Mühe geben würde, nicht zu schießen. Doch dann bist du dort, trägst Waffen und gehst hinaus zu einem Hinterhalt, aber – es ist schrecklich, so was zu sagen –, dann hoffst du, dass dabei auch was herauskommt. Du sitzt dort in der Nacht, und es ist sehr langweilig, und du bist sehr müde, und der letzte hoffnungsvolle Gedanke ist dann, dass du die schlimmen Kerle erwischen und ihnen eine Lektion erteilen wirst.

An einem Standort, zu dem die älteren Typen kamen, um uns abzulösen, wollten die nicht glauben, dass die jungen Typen so viel schießen würden. Wenn die (älteren) dann ›Stopp‹ sagen, muss man sofort mit dem Schießen aufhören. Doch es wurde noch eine Minute lang weitergeschossen. Eben weil man so scharf aufs Schießen ist. Aber das sind meiner Meinung nach genau die Dinge, die die Armee ins Schlamassel bringen: das mangelnde Maßhalten. Es gibt sogar Soldaten, die, wenn sie ein Gummigeschoss abfeuern wollen, davor eine reguläre Kugel laden – das erhöht die Feuerkraft. Meistens ist das tödlich.«

Dass so viele palästinensische Kinder getötet wurden, rief in aller Welt Empörung hervor, auch in manchen Kreisen in

Israel. Amira Hass hat ihre Befragung auf dieses Thema konzentriert, und ich gebe sie hier samt einigen der verblüffenden Antworten des Befragten wieder:

»Du selbst hast aber keine Kinder erschossen.

Alle Scharfschützen haben keine Kinder erschossen.

Trotzdem sind doch Kinder getroffen, verwundet oder getötet worden, nachdem man ihnen in den Kopf geschossen hat. Es sei denn, das war ein Versehen.

Wenn es tatsächlich Kinder waren, dann war das ein Versehen.

Spricht man mit euch darüber?

Man spricht viel mit uns darüber. Sie verbieten uns, auf Kinder zu schießen.

Wie sagen sie das?

Ihr erschießt kein Kind, das zwölf oder jünger ist.

Das heißt, bei einem Kind, das zwölf ist oder älter, ist es erlaubt?

Zwölf und darüber ist erlaubt. Er ist dann kein Kind mehr, da hat er schon seine Bar Mitzvah hinter sich. Oder so ähnlich.

Dreizehn ist das Alter für die Bar Mitzvah.

Die mit zwölf und darüber darf man erschießen. Das ist es, was sie uns sagen.

Also noch mal: Zwölfjährige und darüber dürft ihr erschießen?

Weil er für mich per Definition schon nicht mehr wie ein Kind ausschaut, auch wenn in den Vereinigten Staaten ein Kind 23 Jahre alt sein kann.

Nach internationalem Recht wird ein Kind definiert als jemand, der noch nicht 18 Jahre alt ist.

Bis zum 18. Lebensjahr ist er ein Kind?

Aber laut israelischer Armee ist das jemand mit zwölf?

Nach dem, was die israelische Armee zu ihren Soldaten sagt. Ich weiß ja nicht, was die israelische Armee zu den Medien sagt.«

So einfach macht es sich die israelische Armee mit der Definition von einem Kind: eine bequeme Lizenz, um zu verwunden und zu töten...

Vor mir liegt eine Liste mit den Namen von 102 getöteten palästinensischen Kindern unter 18 Jahren, 59 davon aus der Westbank und 43 aus dem Gazastreifen. Sie wurden zwischen dem 29. September 2000 und dem 25. Februar 2001 getötet. Auch die Art ihrer Wunden wird hier beschrieben. Eine Liste, die Entsetzen hervorruft, vor allem wenn man bedenkt, dass sie nicht vollständig ist, denn während ich diese Zeilen schreibe, im Frühjahr 2001, geht das Töten von Kindern weiter. (Siehe auch Amira Hass in *Ha'aretz* vom 25. März 2001)

Auch im Gazastreifen gibt es Vertreter der Organisation *Ärzte ohne Grenzen.* Einer von ihnen behandelte ein Mädchen, das von einer Kugel in der Nähe des Herzens getroffen worden war. Es war durch Schüsse, die ein über dem Viertel kreisender Hubschrauber abgefeuert hatte, verwundet worden, als es sich im Haus aufhielt.

Niemand glaubte, dass dieses Mädchen überleben könnte. Der behandelnde Arzt meint, es sei den Gesprächen, die sie mit dem Mädchen führten, zu verdanken, dass es wieder lächelt und aus dem Bett aufsteht, in das es sich viele Wochen lang verkrochen hatte.

Das Mädchen lebt seitdem in ständiger Angst, die Kugel könnte weiterwandern und es dann töten. Ein dumpfer

Schmerz in der Nähe des Herzens erinnert es ständig an die Verwundung. Es trägt weder Schulbücher noch Schreibhefte zur Schule. Es hat schreckliche Angst... Ich hoffe sehr, dass dieses Mädchen überleben wird.

Doch das ist nur eines von vielen erschütternden menschlichen Schicksalen. Viele verwundete Kinder leiden unter Traumata und starkem emotionalen Stress.

Die Statistiken über den Beschuss von zivilen Objekten sind einfach Furcht erregend, und das Mädchen aus dem Gazastreifen, dessen Name nicht veröffentlicht wurde, ist nur ein mahnendes Beispiel. Die *Palästinensische Überwachungsgruppe für Menschenrechte* gab am 29. Dezember 2000 bekannt, dass »über eine Million palästinensische Zivilisten während der vergangenen vier Monate einem israelischen Fernkampf-Beschuss ihrer Häuser ausgesetzt war. 25 palästinensische Zivilisten wurden in diesem Zeitraum durch das israelische Artilleriefeuer in ihren Vierteln und Häusern getötet, weitere 730 verwundet und an die 3 000 Häuser durch die Angriffe beschädigt; 21 000 Menschen leben in diesen Häusern, fast 50 Prozent davon sind Kinder unter 14 Jahren. Der israelische Artilleriebeschuss hat insgesamt 4 000 Menschen ohne Bleibe zurückgelassen; an die 500 Häuser wurden völlig dem Erdboden gleichgemacht.«

Nicht nur Menschenrechtorganisationen verurteilen Israels grausame Kollektivstrafen, auch die katholische Kirche in Palästina. Sie reagierte auf die israelischen Raketenangriffe auf die vorwiegend von Christen bewohnten Städte Bethlehem, Beit Sahour und Beit Dschala, deren Bewohner schon die Emigration erwägen, weil ihr Leben unerträglich geworden ist.

Der Lateinische Patriarch von Jerusalem, Michael Sabbah, wandte sich im Fastenhirtenbrief am 1. März 2001 an die christlichen Gemeinden, ermutigte sie und schlug Israel Folgendes vor:

»Was die Häuser betrifft, die andauernd dem israelischen Bombardement unterliegen, so sagen wir zu den Israelis: *Zerstört unsere Kirchen, aber verschont die Häuser unserer Gläubigen.* Wenn ihr um jeden Preis Kollektivstrafen aufzwingen müsst und wenn die Notwendigkeit besteht, ein Lösegeld für die Ruhe von unschuldigen Kindern und Familien zu zahlen, so bieten wir euch unsere Kirchen an: Zerstört sie.

Wir werden andere Plätze finden, um zu beten, und wir werden auch weiterhin für euch und für uns beten. Und den palästinensischen Kämpfern, die meinen, es sei notwendig, von bewohnten Häusern aus direkt auf israelische Häuser zu schießen, selbst dann, wenn der Befehl lautet: ›Bringt keine friedlichen Häuser in die Schusslinie‹, denen sagen wir: Gehorcht den Befehlen, bewahrt den Zusammenhalt der palästinensischen Gesellschaft und lasst die Häuser der Unschuldigen aus.

Wir bieten unsere Kirchen als Pfand für jedes Haus an, das sie zerstören wollen. Aber wir werden nicht der Zerstörung der Häuser unserer Kinder zustimmen, sodass sie gezwungen sind, das Land zu verlassen.«

Der Patriarch demonstrierte mit diesem Appell die Großmut der Schwachen, die aus der Gerechtigkeit erwächst. Haben sich die Regierenden in Israel, »der einzigen Demokratie in Nahost«, geschämt, als sie diese Worte hörten? Ich glaube nicht, weil sie doch immer, heuchlerisch, die Rolle des ewigen

Opfers spielen, und dieses Spiel wird noch immer in der Welt akzeptiert. Noch immer, aber hoffentlich immer seltener.

Es gibt noch einen weiteren Aspekt, der erwähnt werden muss: die Gewalt der jüdischen Siedler gegen die Palästinenser. Diese Gewalt habe ich jahrelang miterlebt, und ich fühlte mich verpflichtet, sie für unsere Generation und die späteren Generationen zu beschreiben. Ich hatte auch versucht, Siedler, die Palästinenser misshandelten oder töteten, vor Gericht zu bringen. Doch das war vergeblich. Mein Bemühen war aussichtslos, weil die Behörden den Siedlern mit Sympathie begegnen und sie unterstützen, aber auch wegen der rassistischen Einstellung unseres Rechtssystems ihren Opfern gegenüber.

Menschenrechtsorganisationen wie *B'Tselem* haben viele Jahre lang über die Gewalt der Siedler berichtet, auch über ihre schwer bewaffnete Miliz, die in den besetzten Gebieten aufgebaut wurde und die die Palästinenser terrorisiert. In einem Bericht von *Pax Christi*, der sowohl auf Berichten von *B'Tselem* aus dem Jahre 1994 als auch auf Angaben der *Überwachungsgruppe Palästinensischer Menschenrechte* vom März 2001 basiert, werden im Frühjahr 2001 folgende Fakten genannt:

»Seit Beginn der Intifada haben die Aktivitäten dieser Siedler zugenommen. Seit Oktober 2000 haben Siedler mindestens sieben Palästinenser getötet. Darüber hinaus hat man vier Körper von Palästinensern in der Nähe von Siedlungen gefunden, bei denen die Umstände ihres Todes nicht klar sind. Mindestens 39 Palästinenser erlitten Schusswunden und Verletzungen durch Siedler, und mindestens elf wurden in den letzten sechs Monaten von Siedlern geschlagen. Es gab mindestens 48 Berichte über Angriffe mit Steinen und weitere 48 Übergriffe gegen (palästinensisches) Eigentum, vor allem das Ausreißen von Olivenbäumen durch Siedler. In einigen Fällen attackierten Siedler Palästinenser, während die israelische Armee dabeistand und nicht eingriff.«

In Berichten von Menschenrechtsorganisationen wie *B'Tselem* und der *Überwachungsgruppe Palästinensischer Menschenrechte* wird darauf hingewiesen, dass die Gewalttaten der Siedler selten ernsthaft untersucht und die Siedler so gut wie nie für ihre Handlungen bestraft werden. Der Fall von Nahum Korman kann hier als Beispiel dienen. Am 21. Januar 2001 verurteilte das Jerusalemer Bezirksgericht diesen Siedler, der den zwölfjährigen palästinensischen Jungen Hilmi Shusha getötet hatte, zu sechsmonatiger gemeinnütziger Arbeit und der Zahlung von 70 000 neuen Israelischen Shekel (etwa 17 500 US-Dollar) Schmerzensgeld. Am selben Tag verurteilte ein israelisches Gericht das 16-jährige palästinensische Mädchen Su'ad Ghazal aus Sabastia zu sechseinhalb Jahren Gefängnis für ihren Versuch, einen Siedler zu erstechen.

Der Fall Nahum Korman fand ein großes Echo in Israel und jene, die ihr Gefühl für Gerechtigkeit noch nicht verloren haben, halten dieses Urteil für ein Symbol des Zerfalls des israelischen Rechtssystems den Palästinensern gegenüber, einen Zerfall, den ich schon 1990 feststellen musste, als ich mein Anwaltsbüro aus Protest gegen dieses System schloss. *Amnesty international* kritisierte das Urteil gegen Korman und prangerte die Diskrepanz zwischen diesen beiden Urteilen an, die am selben Tag gefällt worden waren.

Doch das ganze Rechtssystem ist so geartet, aber das ist außerhalb Israels kaum bekannt. Das Leben eines Palästinensers – auch das musste ich im Laufe all dieser Jahre erfahren – ist in diesem System nicht viel wert.

Was ist Gewalt, Terror und Staatsterror?

Die Palästinenser werden häufig als gewalttätig beschrieben. Ihr legitimer Kampf gegen die israelische Besatzung sei – so wird behauptet – Terror. Doch das internationale Recht billigt ausdrücklich den Kampf gegen die Besatzung, so wie früher den Kampf gegen den Kolonialismus. (Die überwältigende Mehrheit der Staaten in den Vereinten Nationen erklärte 1974 den bewaffneten Kampf der Befreiungsbewegungen für legitim und mit dem Völkerrecht vereinbar. Siehe hierzu: Norman Paech/Gerhard Stuby, Machtpolitik und Völkerrecht in den internationalen Beziehungen, Baden-Baden 1994, Seite 615)

Gideon Levy ist am 11. März 2001 in der Zeitung *Ha'aretz* der Frage »Wer ist ein Terrorist und was ist Gewalt?« nachgegangen: »Aida Fatahia ging auf der Straße; Ubei Daraj spielte im Hof. Sie war die Mutter dreier Kinder; er war erst neun Jahre alt. Beide wurden letzte Woche durch Kugeln der israelischen Armee getötet. Einen Grund dafür gab es nicht. Ihre Tötung wirft noch einmal mit all ihrem Horror die Frage auf, ob die palästinensische Gewalt die einzige ist, die man Terror nennen sollte. Ist nur Gewalt mittels einer Autobombe Terror, während es das Erschießen einer Frau und eines Kindes nicht ist? Fatahia und Daraj schließen sich einer langen Liste von Männern, Frauen und Kindern an, die kein Unrecht getan haben und die dennoch in den vergangenen fünf Monaten von der israelischen Armee getötet wurden. In der israelischen Debatte war ihr Tod nicht das Ergebnis ›terroristischer Handlungen‹ oder ›terroristischer Angriffe‹ und ihre Mörder keine ›Terroristen‹. Diese Begriffe werden nur für die Gewalt verwendet, die von Palästinensern ausgeht.«

Gideon Levy stellt Fragen, die sich die Mehrheit der Menschen in Israel und außerhalb von Israel nicht stellt: »Sind massive Landenteignungen, systematische Häuserzerstörungen, das Entwurzeln von Obstbäumen und Hainen nicht auch eine Form von Gewalt? Ist die Abkoppelung ganzer Städte und Dörfer von ihrer Wasserversorgung nicht auch eine Art von Gewalt? Ist nicht die Einschränkung der Bewegungsfreiheit der Bevölkerung durch das Abriegeln der Wohngebiete voneinander und die Verweigerung medizinischer Versorgung für ihre Bewohner – selbst dann, wenn es sich um Leben und Tod dreht – weniger schmerzlich als das Schießen auf Autobahnen? Eine Schwangere, deren Baby stirbt, oder ein Patient, der stirbt, weil er nicht zu einem Krankenhaus gelangen konnte – Vorfälle, die schon fast zur Routine in den besetzten Gebieten gehören –, sind all diese Menschen nicht Opfer einer schrecklichen Gewalt? Und wie steht es mit dem Verhalten der Soldaten und der Polizei an den Checkpoints, auf den Straßen, ja überall im Land? Die Demütigungen und Schläge und die besondere Gewalt der Siedler gegen die Palästinenser – wie sollte man denn das nennen?«

Die Antwort ist klar: Ja, diese Handlungen sind natürlich Gewalttaten, doch sie sind selbst mehr als das, denn sie schließen kollektive Strafen mit ein. Willkürliches Töten, das Abstellen der Wasserzufuhr, systematische Häuserzerstörungen sind nach der Vierten Genfer Konvention Kriegsverbrechen. Vorsätzliches Töten von Zivilisten, wie bei den Anschlägen in Israel, ist ein Terrorakt.

Man muss auch noch auf den Begriff Staatsterror zu sprechen kommen und auf das, was er in der Realität bedeutet. Im offiziellen israelischen Jargon heißt er »Liquidierung« von Palästinensern, die – wie die israelischen Geheimdienste behaupten – Führungskader der aufständischen Palästinenser sein sollen. Und ich, naiv wie ich bin, dachte, dass wir Juden niemals einen Begriff wie »Liquidierung« von Menschen in den Mund nehmen werden, geschweige denn ihn verwirklichen.

So wurde zum Beispiel am 31. Dezember 2000 ein bekannter palästinensischer Friedensaktivist, den auch ich kannte, der 49-jährige Zahnarzt Dr. Thabeth El Thabeth aus Tulkarem ermordet. Er war Generaldirektor der Inspektionsabteilung des Gesundheitsministeriums der Palästinensischen Nationalen Autorität und auch Sekretär der von Arafat geführten Ostgruppe der El Fatah. Dr. Thabeth war israelischen Friedensaktivisten kein Unbekannter.

Ehud Barak war es, der mit dieser »Liquidierungspolitik« begann und der sie als wichtige »Sicherheitsmaßnahme im Kampf gegen den Terrorismus« rechtfertigte.

Am 13. Februar 2001 wurde ein Oberst der Palästinensischen Nationalen Autorität von der Leibwache Arafats, Massoud Ayasch, durch eine von einem Hubschrauber gezielt abgefeuerte Rakete getötet. Barak gratulierte den Spezialkommandos für diesen Mord. Obendrein beschuldigte Israel den Ermordeten, er habe gemeinsam mit der Miliz der Hisbollah finstere Pläne geschmiedet. Israel ist folglich Richter und Vollstrecker zugleich, wobei zuerst »vollstreckt« und dann nur eine Erklärung nachgeschoben wird.

Die Palästinenser berichten, dass Ayasch das 20. Opfer solch einer Hinrichtung während der Intifada war. Scharon mit seinem symbiotischen Verteidigungsminister Ben-Elieser hat diese Praxis fortgesetzt.

Am 24. Oktober 2000 telefonierte ich mit Dr. Mustafa Bargouthi in den besetzten Gebieten. Es war ein freundliches Gespräch. Er, ein palästinensischer Friedensaktivist, und ich, eine Jüdin und Israelin, die – wenn auch weit weg von dem Geschehen – dennoch von tiefstem Mitgefühl für das palästinensische Leid erfüllt ist. Wir beide haben uns unser Leben lang für einen friedlichen Protest eingesetzt, doch wir halten beide die israelische Besatzung und Unterdrückung ursächlich verantwortlich für den Ausbruch von Gewalt.

Dr. Bargouthi sagte mir damals, er sei gerade von einem friedlichen Demonstrationsmarsch zurückgekehrt, »der von palästinensischen, zivilen sozialen Organisationen aus Protest gegen die von Israel veranlasste Abriegelung und die Besetzung der palästinensischen Territorien durchgeführt wurde. Dem Marsch hatten sich Tausende von Vertretern palästinensischer Nichtregierungsorganisationen, Ärzte, Krankenschwestern, Rechtsanwälte, Wohltätigkeitsvereine, Frauengruppen und Friedensaktivisten angeschlossen. Ein arabischer Knesset-Abgeordneter und palästinensische Solidaritätsgruppen aus Israel trafen sich mit den Protestierenden aus der Westbank beim Checkpoint Al-Ram. Als der Zug den Checkpoint erreicht hatte, zündete die israelische Armee Lärmbomben, warf Tränengasbehälter direkt in die Menschenmenge und ging dann zum Abfeuern scharfer Munition über. Israelische

Soldaten schlugen die Leute mit ihren Gewehrkolben und jagten hinter ihnen her, um sie zu verhaften.«

Zahlreiche Demonstranten, darunter Aktivistinnen aus Frauengruppen und dem Friedenslager, wie zum Beispiel Amal Kreische, die ich sehr gut kenne, wurden verwundet. Ein Mann erlitt einen Herzinfarkt. Es war nicht das erste und nicht das letzte Mal, dass die Armee friedlichen Bürgerprotest mit solch brutaler Gewalt beantwortete. Und es ist sehr traurig, dass die Menschen dadurch entmutigt werden, friedlich zu demonstrieren. Diese Vorgehensweise gegen Demonstranten ist wie eine direkte Aufforderung zur Gewalt, ungeachtet der vielen palästinensischen Stimmen, die zu einem massenhaften, gewaltlosen Kampf gegen die Besatzung aufrufen. Doch die friedlichen Demonstranten zitieren Mahatma Gandhi, der einmal sagte: »Zuerst ignorieren sie dich, dann lachen sie dich aus, dann bekämpfen sie dich, und dann siegst du.«

Am 29. März 2001 schickte mir Dr. Bargouthi einen Bericht mit dem Titel: »Scharon erfüllt alle Erwartungen«. In ihm wird ausgeführt, dass die israelische Armee am Tag zuvor schwere Angriffe gegen Städte in der Westbank und im Gazastreifen durchgeführt hatte. Kampfhubschrauber und Panzer beschossen Wohngebiete in Khan Junis, Rafah, Jabalia, Gaza-Stadt und Ramallah.

»Zwei Menschen starben während der Angriffe, Dutzende wurden verwundet. Soad Sheikh Khalil wurde in seinem Auto getötet, als er auf den Straßen von Ramallah fuhr. Eine 43-jährige Frau wurde von einer großkalibrigen Kugel in den Kopf getroffen. Es war eines der vielen Geschosse, die von

Panzern abgefeuert wurden, welche an der illegalen israelischen Siedlung Psagot postiert waren. Zur gleichen Zeit verbrannte der 32 Jahre alte Akram Hindi von der Polizeieinheit 17 in einem Gebäude, das mit Raketen aus Hubschraubern beschossen worden war.

Zwei weitere Personen wurden gestern getötet. Khariyeh Saleh Zeidan, ein 75-Jähriger, wurde in der Gegend von Jenin durch das Einatmen von Tränengas getötet. Die Explosion einer von der israelischen Armee abgefeuerten Bombe tötete in Rafah im Gazastreifen den zwölf Jahre alten Yahyieh Al Sheikh.« (Bericht vom 29. März 2001)

Dr. Mustafa Bargouthi bezeichnete die Angriffe als »Staatsterrorismus« und verurteilte sie als »willkürliche und unangemessene Anwendung militärischer Gewalt gegen die Zivilbevölkerung – eine Zivilbevölkerung, die in keiner Weise für die Anschläge im Innern Israels verantwortlich ist«.

Das Bombardement fand die uneingeschränkte Zustimmung von Shimon Peres und auch von Jossi Sarid, dem offiziellen Inhaber des Titels »Vorstand der Opposition« in der Knesset. Nicht einer aus der Regierungskoalition Likud/ Arbeitspartei äußerte Kritik. Sie alle meinen, dass »Israel etwas gegen den Terrorismus tun muss«, und dieses »Etwas« ist das Bombardieren von Städten...

Am 30. März 2001 begingen die Palästinenser in der Westbank den »Tag des Bodens«. Gedacht wird der bekannten Protestdemonstrationen im März 1976 in Galiläa, also vor 25 Jahren, die sich gegen die Landbeschlagnahmungen richteten und bei denen sechs Palästinenser getötet worden waren.

Doch der Erinnerungstag in den besetzten Gebieten war 2001 ein blutiger Tag: Sechs Palästinenser starben bei Zusammenstößen mit der israelischen Armee in Nablus und Ramallah, 200 wurden verletzt.

In Israel selbst verlief der »Tag des Bodens« ruhig: Israelische Friedensgruppen begingen ihn dort gemeinsam mit Palästinensern.

Es ist an der Zeit, noch etwas über Hebron, die geteilte Stadt, zu sagen, von der bereits im ersten Kapitel dieses Buches die Rede war. Man muss hier unbedingt vorausschicken, dass etwa 45 000 Palästinenser im israelischen Teil der Stadt, in dem auch 450 fanatische Siedler leben, immer wieder unter Ausgangssperre gestellt werden, einzig zu dem Zweck, die Siedler zu schützen oder um sie zu beschwichtigen.

Der Friedensblock *Gusch Schalom* hat einen Bericht über ein Stadtviertel Hebrons veröffentlicht, das Abu Snineh genannt wird. Ich kenne dieses Viertel gut, weil ich in der Vergangenheit die Familie Abu Snineh wegen Misshandlungen durch die Siedler vor Gericht vertrat. (Mehr dazu in meinem Buch »Wo Hass keine Grenzen kennt«, Göttingen 1996, S. 19 ff.)

Dieses Viertel, das im palästinensischen Teil der Stadt liegt, ist mit seinen 15 000 Bewohnern zum militärischen Zielobjekt der Siedler und der Armee geworden. Der Bericht von *Gusch Schalom*, veröffentlicht am 1. April 2001, schildert die Situation in Hebron und entwirft auch ein Bild vom anderen Israel:

»Abu Snineh hatte das Pech, sich in unmittelbarer Nachbarschaft eines Teils von Hebron zu befinden, in dem sich eine Gruppe fanatischer, nationalistischer israelischer Siedler unter massivem militärischen Schutz einnistete. Das Hebron-Abkommen von 1997 zerschnitt die Stadt, wobei Abu Snineh direkt auf der Grenzlinie blieb. Seit Oktober 2000 ist in diesem Viertel die Hölle los.

In der letzten Woche wurde das Baby Shalhevet Pass durch eine aus der Richtung Abu Sninehs kommende Kugel getötet – in jeder Hinsicht eine schreckliche Tragödie. Obwohl nicht der geringste Beweis für die Behauptung vorliegt, dies sei absichtlich ›durch einen (palästinensischen) Heckenschützen geschehen, der bewusst auf den Kopf des Babys zielte‹, wurde jedoch diese Behauptung unzählige Male von Politikern und Kommentatoren wiederholt. Die Tragödie kann genauso gut durch das wahllose Schießen, das in den letzten sechs Monaten so oft in dieser Gegend vorkam, verursacht worden sein.

Abgesehen davon beteiligt sich auch die israelische Seite an diesem wahllosen Schießen, wobei ihre Reichweite und Feuerkraft um ein Vielfaches größer ist als die aller Waffen, die sich in palästinensischer Hand befinden.

Durch diese Art des wahllosen Schießens wurde zum Beispiel der elfjährige Mahmud al-Darwisch getötet, als schwere Maschinengewehrsalven die Wände seines Elternhauses im Hebroner Vorort Dura durchschlugen, nur unweit der Stelle, an der Shalhevet Pass einen Tag später getötet wurde. Doch das fand in den Medien nicht viel Beachtung.«

Im Bericht des Friedensblocks vom 1. April 2001 wird darauf hingewiesen, dass mehrere Häuser in Abu Snineh durch Bombardements zerstört worden sind und die Armee die Bewohner des Viertels gewarnt hat, sie sollten ihre Häuser zu ihrer eigenen Sicherheit aufgeben. *Gusch Schalom* beschwört die Israelis eindringlich, die Bombardements und die Gewalt der Siedler gegen Abu Snineh zu stoppen:

»Der tragische Tod des Siedlerkindes Shalhevet Pass recht-
fertigt in keiner Weise das tägliche Bombardement des palästinensischen Viertels Abu Snineh und die systematische Zerstörung seiner Häuser durch Panzerartillerie, wodurch zahllose
palästinensische Kinder in Lebensgefahr geraten. Weder die
tägliche Zerstörung, selbst nicht einmal die Einnahme des
ganzen Viertels durch israelische Truppen können die Sicherheit der Siedlerenklave gewährleisten, eine Enklave, die mit
Gewalt in eine palästinensische Stadt gepflanzt wurde und ge-
waltsam aufrechterhalten wird. Das ist kein guter Ort, an dem
Kinder aufwachsen können, wenn sie in ihm ständiger physi-
scher Gefahr ausgesetzt sind, ein Ort, der durchtränkt ist mit
einer Atmosphäre von paranoidem Nationalismus und Rassismus. Es kann keine andere Lösung geben, als alle israelischen Truppen aus Hebron abzuziehen und die bewaffnete
Siedlerenklave, die gegenwärtig durch diese Truppen aufrechterhalten wird, aufzulösen.

In einem zukünftigen israelisch-palästinensischen Frieden
sollte es kein Hindernis geben, dass Juden in der Stadt Hebron leben können, in einem Hebron, das Teil eines souveränen Palästina ist – gesetzt den Fall, die Juden respektieren die
Gesetze ihres Gaststaates, so wie das alle jüdischen Gemeinden in aller Welt tun.«

Ich möchte dieses Kapitel mit Ausführungen über Hebron
schließen, über diese Stadt, die Teil meiner persönlichen,
schmerzlichen Erfahrung ist und in der ich zum ersten Mal – es
war Anfang 1968 – den fanatischen Siedlern begegnete. Damals konnte ich freilich nicht ahnen, dass die Siedlungspolitik

zum Richtmaß für alle israelischen Regierungen gemacht werden könnte und dass dies bis zum heutigen Tage andauern würde, ebenso wenig wie ich damals wissen konnte, dass diese Siedlung zu einer Zeitbombe auf palästinensischem Boden werden würde.

Doch es geschah etwas, über das noch berichtet werden muss: Eine neue israelische Eskalation findet statt, eine neue »Qualität« der Aktion, das Schaffen von noch mehr Raum, um die israelischen Siedlungen im Gazastreifen noch besser verteidigen zu können. Darüber hat Susanne Knaul in der *tageszeitung* am 12. April 2001 berichtet:

»Mit Panzern und Bulldozern sind israelische Soldaten in der Nacht zu gestern zum ersten Mal seit Unterzeichnung der Osloer Verträge in palästinensische Autonomiezonen vorgerückt. Bei der über vier Stunden lang andauernden Aktion und Gefechten im Flüchtlingslager von Khan Junis, im südlichen Gazastreifen, wurden zwei Menschen getötet und mindestens 25 verletzt. Die Soldaten zerstörten die Stromversorgung und rissen zahlreiche Häuser ein. Die Operation sei eine ›Antwort‹, so Verteidigungsminister Benjamin Ben-Elieser, auf die wiederholten palästinensischen Übergriffe mit Mörsergranaten auf jüdische Siedlungen. Israel habe nicht die Absicht, das palästinensische Gebiet erneut zu besetzen.

Palästinenserpräsident Jassir Arafat wandte sich daraufhin in einem Appell um internationalen Beistand an eine Reihe europäischer Staatschefs. Die Angriffe, die eine klare Verletzung der Osloer Abkommen bedeuten, bestätigen den Palästinenserführer in seiner Forderung nach dem Einsatz internationaler Beobachtertruppen. Die Krise im Nahen Osten bekommt mit der Gebietsverletzung zweifellos eine neue Dimension. Bisherige Grenzen spielen in dem Konflikt, der zunehmend kriegsähnliche Formen annimmt, künftig keine Rolle mehr.«

Nebenbei bemerkt, einige Palästinenser sagen: »Es ist die israelische Armee, die das macht. Aber es sind die Amerikaner, die ihr das ermöglichen ... aber auch die arabischen Regierungen, weil diese nicht handeln.«

Und diesmal sind es die Ärmsten der Armen, die es trifft ...

Der Korrespondent Ben Lynfield der schottischen Zeitung *The Scotsman* in Jerusalem besuchte das bombardierte Flüchtlingslager Khan Junis und schrieb in seiner Zeitung am 15. April 2001:

»Zelte sind die einzigen Notunterkünfte inmitten des verwüsteten Khan Junis, wo die Kinder im Schutt spielen, zurückgekehrt zu den Bedingungen ihrer Großeltern vor 52 Jahren.

Zelte, die Symbole für Heimatlosigkeit und Entwurzelung, sind nun wieder aufgetaucht, zum ersten Mal seit der verheerenden Katastrophe für die Palästinenser, die Israels Entstehen von 1947 bis 1949 begleitete.

›Wir sind das einzige Volk auf der Welt, bei dem sich seit 1949 nichts geändert hat‹, sagt Sara Ikhreis, die mit ihren Verwandten in einem Zelt sitzt, das notdürftig auf den Ruinen ihres Hauses errichtet wurde, nachdem es die israelischen Truppen, zusammen mit 29 anderen Häusern, am Mittwoch bei einer Aktion mit dem Decknamen ›Poesie zum Genießen‹, zerstört hatte.

400 Menschen sind obdachlos geworden, stellt das Rote Kreuz fest, das von Israel dazu gezwungen wurde, das erste

Flüchtlingslager im Nahen Osten innerhalb eines Flüchtlingslagers zu errichten. Und zehn Zelte, über denen die islamische
Flagge flattert und in denen sich die Familien aufhalten, sind
auf dem Geröll aufgestellt worden.«

Drei Tage später drangen israelische Streitkräfte noch einmal in palästinensisches Autonomiegebiet in Rafah im Gazastreifen ein. Bei einem ähnlichen Überfall wie in Khan Junis
wurden 16 Häuser zerstört, 168 Menschen obdachlos und 46
verwundet.

Ich kenne die Flüchtlingslager und ihr Leid. Ich kenne auch
sehr viele ihrer Bewohner. Tausende Kilometer entfernt von
ihnen, teile ich ihren Schmerz. In mein Gedächtnis grabe ich
die Bilder ihrer neuen Zelte nach ihrem 52-jährigen Exil tief
ein. Ich wünschte, ich könnte es noch erleben, dass die Täter
vor ein Kriegsverbrechertribunal gestellt werden. Oder aber,
wenn das palästinensische Volk dies um der Versöhnung willen akzeptiert, zu erleben, dass die Täter dazu gezwungen werden, ihre Verbrechen zu bekennen und, wie in Südafrika nach
der Abschaffung der Apartheid, ihre Opfer vor einer »Wahr-
heitskommission« um Verzeihung bitten zu müssen.

Die Blockade der besetzten Gebiete und ihre Folgen

In den vielen Jahren der Besatzung vor den Abkommen von Oslo erlebte ich alle nur denkbaren Menschenrechtsverletzungen an Palästinensern: Folterungen, Deportationen, Kollektivstrafen, lang andauernde Ausgangssperren, Administrativhaft ohne vorausgegangene Gerichtsverhandlung, Enteignungen, das Bauen von Siedlungen auf geraubtem palästinensischen Land, vorsätzliches Töten, Misshandlungen, Demütigungen. Alle, die unter solchen Taten litten, tragen Namen und haben Gesichter, und sie leben für immer in meinen Büchern und meinem Gedächtnis.

Ich war überzeugt davon, dass wir die ganze Bandbreite der Unterdrückung erschöpft hätten. Ich irrte mich. Der Versuch, diese neue Intifada zu unterdrücken bewies mir, wie erfinderisch wir sind: Wir haben über Millionen von Menschen den Belagerungszustand verhängt, ein einziges großes Gefängnis geschaffen, das in kleinere Gefängnisse unterteilt ist, und wir fahren damit fort, weil die Welt dazu schweigt.

B'Tselem hat im Januar 2001 einen Bericht mit dem Titel »Zivilisten unter Belagerung« herausgegeben. In ihm wird Folgendes ausgeführt:

»Seit Beginn des jüngsten Aufstands, seit dem 29. September 2000, hat Israel eine Reihe von durchgängigen Restriktionen gegen die Bewegungsfreiheit der palästinensischen Bevölkerung in der Westbank und im Gazastreifen verhängt.

Diese Restriktionen verletzen auf das Schwerste das Recht auf Arbeit und das Recht, sich einen Lebensunterhalt zu verdienen, sie verletzen das Recht auf angemessene medizinische Versorgung, das Recht auf Ausbildung und das Recht auf ein Familienleben. Die israelischen Restriktionen der Bewegungsfreiheit unterbinden für etwa drei Millionen Menschen alle Aspekte des Alltagslebens. Diese Politik ist es vor allem, die für die bittere Not und Verzweiflung in den besetzten Gebieten verantwortlich ist, eine Politik, die das Leben der Bevölkerung unerträglich gemacht hat. (...) Die Art und das Timing von Israels Restriktionen der Bewegungsfreiheit widersprechen der Behauptung, sie seien einzig von Sicherheitserwägungen diktiert: Israel verhängt durchgängig Abriegelungen, Ausgangssperren und den Belagerungszustand über Millionen von Menschen und nicht über Einzelpersonen, die eine Bedrohung für die Sicherheit darstellen könnten. In vielen Fällen verhängt Israel Restriktionen ›als Antwort‹ auf palästinensische Angriffe auf israelische Zivilisten oder Soldaten, wobei kein Zusammenhang zwischen der Art der verhängten Restriktionen und ihrer Wirksamkeit besteht, ähnliche Angriffe in Zukunft verhindern zu können. Die Entscheidung, die Restriktionen für die Bewegungsfreiheit zu lockern, wird gewöhnlich als ›Geste‹ im Kontext politischer Entwicklungen verstanden, häufig ohne Zusammenhang mit der Bedrohung der Sicherheit, die, wie es zuvor hieß, die Restriktionen rechtfertigte.«

Der bereits erwähnte Dr. Mustafa Bargouthi berichtete am 13. März 2000, dass die Westbank in 60 voneinander isolierte Sektionen zerstückelt wurde. Die wirtschaftliche Lage sei in den 34 Jahren der Besatzungszeit niemals schlimmer gewesen. Den Palästinensern ist jetzt nicht nur die Einreise nach Israel untersagt, auch die Verbindungen zwischen den Städten und Dörfern bleiben für die Durchfahrt blockiert.

Und die Armut wächst.

»Wir stehen vor einer Verdoppelung der Armutsrate«, sagte Joseph Saba, Direktor der Weltbank in den Palästinensergebieten, in einem Gespräch mit der *tageszeitung*. »Im September 2000 verfügten nur 21,5 Prozent der Palästinenser über weniger als zwei Dollar pro Tag. Anfang Februar 2001 waren es bereits 40 Prozent.«

Israel blockiert absichtlich 20 Millionen Dollar Mehrwertsteuer, die es – entsprechend dem Oslo-Abkommen – den Palästinensern für gekaufte israelische Produkte schuldet.

»›Die nächste Stufe der Verarmung schlägt sich im sozialen Bereich nieder‹, meint Saba. So sei abzusehen, dass der Analphabetismus vor allem bei Frauen zunehmen wird, denn die Mädchen werden nicht mehr zur Schule geschickt, sondern bleiben zu Hause und helfen.« (tageszeitung, 13. Februar 2001)

Auch Jörg Bremer berichtet in der *Frankfurter Allgemeinen Zeitung* am 27. März 2001 über Verluste im Gazastreifen:

»Araber im Gazastreifen verloren nicht nur ihre Zitronenhaine und Dattelpalmen entlang der Grenze. Es fielen nicht nur die alten Eukalyptusbäume. Es wurde nicht nur entlang dieser Straße und an den großen Kreuzungen planiert, um ein ungestörtes Schussfeld für die ›Sicherheit der Siedler‹ zu schaffen. Eines Morgens wollte der Unternehmer Bajan Samna bei Deir el-Balah wie jeden Tag zu seiner Metallblechfabrik; doch sie war in der Nacht abtransportiert worden. Zwei Hallen von insgesamt 3000 Quadratmetern mit zwei Walzmaschinen und 300 Tonnen Stahl in Rollen waren weg. Er habe eine Million Mark verloren, erzählt er, fünfzig Prozent davon seien ein Kredit gewesen. Die Hallen hätten nicht an einer Kreuzung gestanden, aber wohl nicht weit genug davon entfernt. Offenbar ist er mit diesem Schicksal nicht allein. Das Planungsministerium der Autonomiebehörde spricht von einer Zerstörung industrieller Einrichtungen im Wert von 164 Millionen Mark. Israel habe Wohnhäuser und Gebäude im Wert von mehr als 290 Millionen Mark vernichtet. Insgesamt sei ein Schaden von gut einer Milliarde Mark entstanden.«

Am 25. April 2001 teilte das Zentrale Palästinensische Statistikbüro (PCBS) mit, dass mittlerweile aufgrund der israelischen Blockademaßnahmen mehr als 64 Prozent der 2,1 Millionen Menschen in den Palästinensergebieten mit einem Einkommen von bis zu 400 Dollar im Monat auskommen müssen. Die Armutsgrenze für das Jahr 2000 war mit einem Einkommen von 400 Dollar für eine Familie von zwei Erwachsenen mit vier Kindern festgelegt worden. (Süddeutsche Zeitung, 26. April 2001)

Aus all dem ist zu ersehen, dass Israel einen brutalen Wirtschaftskrieg gegen eine Zivilbevölkerung führt, die unter israelischer Besatzung und Ausbeutung seit Jahrzehnten gelitten hat. Von Zeit zu Zeit hören wir, Israel habe die Blockaden gelockert, aber die Palästinenser vor Ort sagen, dass es sich nur um »kosmetische Korrekturen« handelt und dass prinzipiell alles beim Alten geblieben ist. Wie schon erwähnt, können sich Blockaden auch tödlich auswirken.

Für die zehnjährige Ella aus El Sawiya in der Nähe von Nablus war sie tödlich. Ihr Fall ist nur einer von über einem

Dutzend ähnlicher Fälle. Das Mädchen hatte Bauchschmerzen und ihr Vater versuchte vergeblich, sie nach Nablus zu bringen. Gideon Levy beschreibt am 7. Januar 2001 in *Ha'aretz* den letzten Weg von Ella:

»Es geschah in den ersten Tagen der Belagerung, als diese noch nicht so gravierend war wie heute: Damals gab es auf den Straßen noch Straßensperren, bemannt mit Soldaten, die man wenigstens darum bitten konnte, das kranke Mädchen passieren zu lassen. Nach Aussage des Vaters wurden sie von Soldaten gestoppt und trotz all ihrer Bitten zurückgeschickt. Hier sei daran erinnert, dass sie nur bis Nablus und nicht nach Israel hinein wollten. Sie versuchten es auf einer anderen Route und wurden von anderen Soldaten angehalten. Sie mussten wieder nach Hause zurückkehren. Ein Arzt aus einem nahe gelegenen Dorf ordnete Ellas schnellstmögliche Verbringung in ein Krankenhaus an. Am nächsten Morgen versuchten sie es noch einmal, und wieder wurden sie von Soldaten daran gehindert. Ein paar Stunden später starb Ella. Dr. Riad el-Halu stellte als Ursache für ihren Tod einen Blinddarmdurchbruch fest.«

Die Soldaten haben nur die Befehle ihrer Vorgesetzten befolgt. Dies erinnert mich sehr an Vorgänge in unserer Geschichte. Aber auch wenn wir sagen, besser keine Vergleiche, Ella wird das ohnehin nicht mehr helfen.

Auch der Bauer Naeem Bani aus Aqraba hatte keine Chance. Er war 39 Jahre alt, Vater von fünf Kindern, und er starb, weil er den Militärcheckpoint bei Huwara im Süden von Nablus nicht passieren durfte, als er nach einem Herzanfall ins Krankhaus von Nablus gebracht werden sollte.

Einer Information der Organisation *Law* zufolge, versuchten Naeems Brüder Hassan und Ahmad ihn am 13. März 2001 um 4.35 Uhr am Morgen in einem Privatauto, das sein Cousin Muhammad fuhr, ins Krankenhaus zu bringen. Um 4.50 Uhr erreichten sie den israelischen Checkpoint und baten die Soldaten, sie passieren zu lassen. Die Soldaten weigerten sich und machten alles noch schlimmer, weil sie die Männer am Checkpoint aufhielten. Nach 20 Minuten baten sie die Soldaten noch einmal, sie endlich durchzulassen, doch die Soldaten zwangen sie, die Autotüren für eine Durchsuchung zu öffnen. Nach weiteren 20 Minuten erlaubten sie ihnen schließlich, wegzufahren, sie durften aber nicht den Checkpoint passieren. Deshalb versuchten sie, eine andere Route auf einem langen, nicht asphaltierten Weg zu nehmen. Um 6.00 Uhr erreichten sie endlich das Krankenhaus, doch bei der Ankunft war Naeem tot. Unter normalen Bedingungen dauert die Fahrt vom Dorf Aqraba nach Nablus nur 15 Minuten.«

Amira Abu Seif aus dem Dorf Faqua bei Jenin, 48 Jahre alt, Diabetikerin, hatte ebenfalls kein Glück.

»Einer eidesstattlichen Erklärung zufolge, die ihr 27-jähriger Sohn, Muhammad Saleh Abu Seif, der Organisation *Law* gab, versuchte Amiras Familie sie in einem Privatauto in das Krankenhaus von Jenin zu bringen. Um 4.30 Uhr am Morgen erreichten sie den israelischen Checkpoint, durften ihn aber erst um 8.00 Uhr passieren, nachdem ein israelischer Militärarzt die Kranke untersucht und bestätigt hatte, dass ihr Zustand kritisch war. Doch die Soldaten weigerten sich trotzdem, das Auto durchzulassen, und zwangen Amiras Familienmitglieder, sie 50 Meter über den Checkpoint bis zu einem palästinensischen Krankenwagen zu tragen, der auf der anderen Seite des Checkpoints stand. Um 8.15 Uhr erklärten die Ärzte im Krankenhaus von Jenin die Zuckerkranke Amira Abu Seif für tot, gestorben aufgrund eines plötzlichen Anstiegs des Blutdrucks.«

Die Geschichte der Amina Balout, die unweit von Ramallah wohnt, hat ein »Happyend«, weil niemand gestorben ist. Vielleicht wird sie eines Tages jemanden inspirieren, sie zu verfilmen. Denn in dieser Geschichte gibt es jede Menge Action, und sie ist darüber hinaus sehr aufschlussreich, weil sie zeigt, wie menschliche Wesen ihre Menschlichkeit vergessen können. Ich lasse Amira selbst zu Wort kommen:

»Mein Name ist Amina Balout. Ich wohne im Dorf Rantis nördlich von Bir Zeit.

Eines Tages, es war vor zwei Wochen, setzten bei mir die Wehen ein. Ich wusste, dass es lange dauern würde, um ins Krankenhaus nach Ramallah zu gelangen, deshalb sagte ich das sofort meinem Mann. Normalerweise ist das eine Fahrt von ungefähr 40 Minuten. Aber es sind keine normalen Zeiten. Vor etwa drei Monaten haben sie viele Straßenblockaden zwischen Rantis und Bir Zeit errichtet. Die einzige Zufahrt zum Dorf ist jetzt völlig abgeriegelt. Aus dem Dorf führt nur ein unbefestigter Weg über die Felder, der zu dieser Jahreszeit voller Schlamm ist.

Mein Mann, meine Mutter und meine Schwester fuhren mit mir im Taxi. Wir waren noch nicht weit gefahren, als ein Jeep der israelischen Armee und ein anderer vom Geheimdienst kam, unser Taxi stoppte und uns nicht weiterfahren lassen wollte. Wir stritten mit ihnen und bestanden darauf, uns durchzulassen.

Nach etwa 30 Minuten wurde der Regen so stark, dass es für uns völlig unmöglich wurde, nach Rantis zurückzukehren. Die Soldaten ließen uns schließlich passieren. Wir fuhren auf der Straße weiter, bis wir zur nächsten Straßensperre in der Nähe der jüdischen Siedlung Halamish kamen. Soldaten richteten die Gewehre auf unser Taxi und befahlen uns, anzuhalten. Mein Mann und der Fahrer stiegen aus. Während sie sich mit den Soldaten weitere 30 Minuten herumstritten, wurden meine Wehen immer stärker. Ich schrie laut vor Schmerz.

Als sie uns schließlich durchließen, kamen wir nicht weit, denn vor uns war ein langer Stau von Fahrzeugen, die vor dem Dorf Um Safa warteten. Der Taxifahrer fuhr an der Autoschlange vorbei, bis er zu einem Militärjeep kam. Die Soldaten zielten mit ihren Gewehren auf das Auto und befahlen uns, alle auszusteigen. Wir brüllten, da sei doch eine Frau, die jeden Augenblick gebären würde, aber der Soldat sagte, er müsse erst von seinem kommandierenden Offizier die Erlaubnis einholen, ehe er uns passieren lassen könnte.

Während er wegging, spürte ich, wie das Baby herausglitt. Ich begann zu schreien: ›Das Baby kommt, das Baby kommt.‹ Doch bevor der Soldat zurückkam, hatte ich das Baby schon im Taxi geboren. Meine Mutter und meine Schwester hüllten es in eine Decke und gaben es mir, damit ich es an meinem Körper warm halten konnte.

Schließlich kam ein Offizier, der uns durchließ, als er das Baby sah.

Ungefähr 200 Meter weiter stoppte uns ein anderer Jeep. Der Soldat richtete sein Gewehr auf uns und befahl uns, ihm zu sagen, wer uns durchgelassen hätte. Der Offizier, der uns gestattet hatte, weiterzufahren, sah, was passierte, rannte herbei und befahl dem Soldaten, uns durchzulassen.

Wir fuhren in Richtung Bir Zeit weiter, doch wieder stießen wir auf eine lange Autoschlange. Wir fuhren an allen Wagen vorbei, bis uns vier Soldaten stoppten. Mein Mann und meine Mutter öffneten die Fenster und riefen laut, sie hätten jemanden bei sich, der gerade geboren hätte. Sie befahlen uns zu warten.

Einer der Soldaten kam ums Auto herum und öffnete die Tür. Als er mich sah, begann er zu lachen. Sie befahlen uns, alle auszusteigen. Meine Mutter wurde sehr zornig und schlug die Tür wieder zu. Sie versuchten sie zu öffnen, doch meine Mutter schrie und schrie, sie sollten uns durchlassen. Sie bestanden aber darauf, dass wir alle aus dem Taxi aussteigen müssten. Was sollten wir machen? Wir mussten aussteigen.

Ich hielt mein Baby, das noch immer durch die Nabelschnur mit mir verbunden war. Dann brach ich zusammen und fiel zu Boden. Ich war einfach zu schwach.

Mein Mann erzählte mir später, dass die Soldaten dagestanden und wieder zu lachen begonnen hätten. Schließlich kam ein Soldat, der sie anschrie, sie sollten doch damit aufhören, und uns weiterfahren ließ. Niemand bemerkte, dass ich einen Hausschuh verloren hatte. Er blieb auf dem Boden vor der Straßensperre liegen.

Gegen 8.30 Uhr erreichten wir das Krankenhaus in Ramallah. Rantis hatten wir gegen fünf Uhr früh verlassen. Wir gaben dem Baby den Namen Sabreen, ein Name, der von dem Wort ›Geduld‹ abgeleitet ist.«

Sabreen wird mit ihrer Geschichte aufwachsen, und sie wird sie ihr ganzes weiteres Leben begleiten. Aber wenn niemand diesem Alptraum ein Ende bereitet, werden die jungen Israelis auf den Barrikaden und sonst wo in den besetzten Gebieten mehr und mehr ihre Achtung vor der Würde des Menschen verlieren.

Sabreens Familie lebt in Rantis. Dort kamen am 23. März 2001 einige hundert Aktivisten des Friedenslagers aus allen Teilen Israels zu den von den Israelis errichteten Gräben- und Wallhindernissen auf der einzigen Straße, die zum palästinensischen Dorf führt, zu einer Aktion zusammen. »Sie begannen mit Hacken und Schaufeln den Wall abzutragen und den Graben mit Steinen und Erde zuzuschaufeln, um die Blockade über dieses 3000 Einwohner zählende Dorf zu durchbrechen. Diese erstmalige Aktion wurde von vier Friedensbewegungen – dem Friedensblock *Gusch Schalom*, den *Rabbinern für Menschenrechte*, der *Koalition der Frauen-Friedensbewegungen* und dem *Komitee gegen Häuserzerstörungen* – initiiert. 14 weitere Friedensgruppen verschiedenster Schattierungen hatten zur Teilnahme an dieser Aktion aufgerufen. Es beteiligten sich daran auch Aktivisten des in Hebron stationierten *Christlichen Friedensteams*, darunter US-Amerikaner und Deutsche.«

Israelische Polizisten und Grenzschutzbeamte beschlagnahmten die mitgebrachten Schaufeln und andere Geräte, doch die Aktivisten schaufelten mit bloßen Händen weiter. Sie schaufelten den Weg nach Rantis frei. Aber nicht für lange. Noch am selben Abend rissen die Bulldozer der Armee die Straße und die beiden Gräben wieder auf und errichteten die

Wälle aufs Neue. Doch die Friedensaktivisten haben versprochen, wiederzukommen, und nicht nur nach Rantis, weil, wie sie sagten, mit »den menschenfeindlichen Blockaden und den Ghettos Schluss gemacht werden muss«.

Sie werden es alleine nicht schaffen, sie sind nur wenige; deshalb sind wir alle aufgerufen zu helfen, überall.

Die zerstörenden Hände

Ich verfüge über eine große und traurige Erfahrung über die israelische Praxis der Zerstörung von palästinensischen Häusern, die ohne amtliche Erlaubnis in den besetzten Gebieten gebaut worden sind. Ich führte lange, vergebliche Prozesse, um für Palästinenser eine Genehmigung zu erstreiten, auf ihrem eigenen Land ein Haus bauen zu dürfen. Daher kenne ich die grausame Methode sehr gut, die palästinensische Bevölkerung zu strangulieren, indem man die wachsenden Familien daran hindert, mehr Platz zum Wohnen zu erhalten. Die palästinensische Zeitschrift *Peoples Rights* veröffentlichte eine Untersuchung von Kiran Young und Uda Walker über die Auswirkungen der Häuserzerstörung auf palästinensische Kinder. In ihr wird auch die israelische Politik der Verweigerung von Genehmigungen erklärt:

»In den meisten Gesellschaften gibt es Gesetze, welche die Bautätigkeit und die Vergrößerung von privatem Eigentum regeln. In vielen Ländern verlangt man von den Hausbesitzern, dass sie für den Ausbau und Neubau Genehmigungen einholen. In Israel verhält sich das nicht anders. Das Bauen ohne Genehmigung ist nach israelischem Recht in der Tat illegal. Wenn man sich jedoch die Gesetze näher ansieht, dann wird deutlich, dass diese Gesetze absichtlich manipuliert worden sind, um das palästinensische Bauen und das natürliche Wachstum (der Bevölkerung) einzuschränken.

Fast alle palästinensischen Häuser, die zerstört worden sind oder bei denen eine Anordnung zur Zerstörung droht, liegen in der Nähe von illegalen israelischen Siedlungen, nicht weit von Umgehungsstraßen, unweit der ›Grünen Grenze‹ (die Israel vom Westjordanland trennt) oder in der Nähe von israelischen Militäreinrichtungen. Manche liegen auf dem Weg geplanter Umgehungsstraßen und auf Land, das für die Erweiterung einer Siedlung vorgesehen ist. Einige (palästinensische) Häuser wurden auf einem Landareal gebaut, das Israel als ›Staatsland‹, als ›Grünes Gebiet‹ oder aber als Land gekennzeichnet hat, das keiner Zone angehört, oder als Land, das für die Landwirtschaftszone vorgesehen ist, oder als Land, das Zwecken der Sicherheit dient. Will ein Palästinenser ein Haus in einem dieser Gebiete bauen, wird man ihm eine Genehmigung verweigern. (...) Letztendlich bleibt den Palästinensern keine andere Wahl, als illegal zu bauen, um dem Bevölkerungswachstum Herr zu werden.

Es ist wichtig festzuhalten, dass die oben genannten Kennzeichnungen den Bau und die Ausdehnung israelischer Siedlungen nicht verbieten und dass sie ebenso wenig das jüdische Westjerusalem betreffen. Alle jüdischen Siedlungen wurden auf Land gebaut, das zumindest eine der oben genannten Kennzeichnungen aufwies.« (Peoples Rights, Nr. 36, September 2000)

Doch es gibt auch andere Untersuchungen zu diesem Thema, zum Beispiel die von *Bat Schalom*. Diese feministische Friedensorganisation veröffentlichte am 12. April 2001 folgende Zahlen:

»Seit 1967 hat Israel mehr als 7 000 palästinensische Häuser in der Westbank, in Ostjerusalem und in Gaza zerstört und damit 40 000 Menschen obdachlos gemacht. Seit Oktober 2000 wurden mehr als 500 Häuser durch Beschuss von Panzern, Raketen und durch Armeebulldozer zerstört. Allein in der letzten Woche hat die israelische Ziviladministration 28 Häuser auf der Westbank zerstört. Diese Woche ist Ostjerusalem an der Reihe: 19 Häuser, die Palästinensern gehören, sind für die Vernichtung vorgesehen.

Häuserzerstörungen sind der Inbegriff zynischer Anwendung der Gesetze und des Planens zu rein politischen Zwecken. Unmittelbar nach dem Krieg von 1967 wurde ein Drittel des Landes in Ostjerusalem für jüdische Bauten enteignet. Vom Rest wurde mehr als die Hälfte unter der Bezeichnung ›Grüne Gebiete‹ eingefroren. Auf diese Weise sind die 200 000 palästinensischen Bewohner von Ostjerusalem in kleine Enklaven eingepfercht, unfähig, bescheidene Häuser auf ihrem eigenen Land zu bauen, während die Regierung Zehntausende von rein jüdischen Wohneinheiten im besetzten östlichen Teil der Stadt baut.«

Palästinensische Kinder erleben nicht selten, dass ihre Eltern oder andere Familienmitglieder von israelischen Soldaten oder der Polizei geschlagen werden, weil sie sich der Zerstörung ihres Hauses widersetzen. In vielen Fällen werden Familienmitglieder verhaftet und angeklagt. Oft werden die Spielsachen der Kinder und ihr persönlicher Besitz unter den Trümmern begraben. Plötzlich verändert sich ihr ganzes Leben, die Sicherheit und Zuflucht des Hauses gibt es nicht mehr, ja, es gibt auf einmal nicht mal mehr ein Dach über ihrem Kopf...

Können die Kinder solch ein Trauma überwinden? Die Autoren der oben erwähnten Studie schreiben dazu:

»Die Überwindung des Traumas, wenn sie ihr Haus verloren haben, ist ein langer und schmerzlicher Prozess, der sich über viele Jahre hinziehen kann oder aber nie erfolgt. Da die Familienbande stark sind, hilft das zwar, den Schmerz und die Angst zu mildern. Unglücklicherweise ist es sehr viel schwerer, den Hass zu überwinden. Alle befragten Kinder äußerten tiefen Groll gegen israelische Soldaten und Israelis generell. In jedem Haus, das wir besuchten, stellte mindestens ein Kind die Frage: ›Wann werde ich alt genug sein, um mein eigenes Gewehr zu bekommen und alle Israelis zu erschießen?‹ oder ›Wann werde ich einen Bulldozer bekommen und alle israelischen Häuser zerstören?‹ Andere Kinder können ihr Leid verbal nicht äußern, haben jedoch beim Anblick israelischer Soldaten und der Polizei sichtlich große Angst. Sie tragen nicht nur ihre persönlichen Hassgefühle mit sich herum, sondern erleben auch die Bitterkeit und den Zorn ihrer Eltern, die in dieser Situation hilflos und oft auch durch diesen verheerenden physischen, emotionalen und finanziellen Verlust völlig am Boden zerstört sind.«

Dies ist ein weiteres Beispiel dafür, wie Israel einen Abgrund von Hass und Rachegefühlen hervorruft, der sich für Israel verheerend auswirkt. Hier findet sich auch eine Antwort auf all jene, die darüber klagen, dass palästinensische Eltern ihre Kinder zu Demonstrationen gehen lassen. Bei einem solch »glücklichen und schönen Leben« würden die Kinder das doch nicht aus eigener Initiative tun?!

Doch es gibt auch einige gute Nachrichten: Es existiert – wie ich schon erwähnte – ein israelisches *Komitee gegen Häuserzerstörungen*, das sehr aktiv gegen diese kriminelle israelische

Politik kämpft. Es baut Brücken zwischen uns und den Palästinensern, indem es Symbole des Friedens schafft, die in diesem Meer von Hass so wichtig sind.

Solch ein Symbol war das Haus der Familie Shawamreh in Anata in der Nähe von Ostjerusalem. Man nannte es das »Haus des Friedens«. Es wurde am 3. April 2001 zum dritten Mal zerstört. *Bat Shalom* hat darüber berichtet:

»Diese Zerstörung war die vierte an diesem Morgen in der Stadt Anata – drei Beduinenhäuser waren noch vor dem Shawamreh-Haus mit Bulldozern niedergewalzt worden. Der Fahrer des Bulldozers sagte, sie seien auf dem Weg, um zwei weitere Häuser in der Stadt Issawiye zu zerstören. Beide palästinensischen Städte liegen in unmittelbarer Nachbarschaft zu Jerusalem. Diese Steigerung der Zerstörungen durch die Ziviladministration – elf Häuser wurden in den vergangenen zwei Tagen zerstört – beweist die Entschlossenheit der Behörden, mittels Einschüchterung der palästinensischen Bewohner ihre absolute Kontrolle über das Leben in den besetzten Gebieten unter Beweis zu stellen – und das alles zusätzlich zur Eskalation der Kriegführung. (...)

Das wieder aufgebaute Haus der Familie Shawamreh in Anata wurde an diesem Morgen zum dritten Mal durch Bulldozer der israelischen Ziviladministration der besetzten Gebiete zerstört. Obwohl zwei israelische Friedensaktivisten, Jeff Halper vom *Komitee gegen Häuserzerstörungen* und Rabbi Arik Ascherman von den *Rabbis für Menschenrechte* ihre Autos auf dem Weg der Zerstörung abgestellt und sich vor die Bulldozer gesetzt hatten, entfernte die Armee sie mit Gewalt und schob ihre Autos beiseite. Dann pflügten sich die Bulldozer durch das Haus, den Garten und die Wassertanks. Sie gruben sogar die Fundamente aus, um sicherzustellen, dass das Haus so schnell nicht wieder aufgebaut werden kann. Rabbi Ascherman wurde verhaftet.

Das Shawamreh-Haus ist wiederholt von der Armee zerstört worden, doch es wurde immer wieder durch ein Bündnis von Israelis, Palästinensern und internationalen Friedensaktivisten neu aufgebaut. Die erste Zerstörung, bei der Aktivisten Zeugen wurden, fand im Juli 1998 statt. Innerhalb von zwei Monaten war das Haus wieder errichtet worden, aber die Behörden zerstörten es erneut am Tag nach seiner Fertigstellung. Es hat eine Weile gedauert, bis die Familie wieder die Kraft fand, ihr Haus noch einmal aufzubauen und das Risiko seiner Zerstörung auf sich zu nehmen. Schließlich stimmte sie doch zu, und beim zweiten Aufbau, der im Juli 1999 beendet war, erhielt es den Namen ›Haus des Friedens‹, geschrieben auf Arabisch, Hebräisch und Englisch.

Nach der heutigen Zerstörung ist von dem Schild ›Haus des Friedens‹, das an der Eingangstür hing, nichts mehr übrig geblieben.«

Doch damit ist die Geschichte noch nicht zu Ende. Das israelische *Komitee gegen Häuserzerstörungen* entschloss sich, das Haus der Shawamrehs noch einmal aufzubauen, als Symbol für den gemeinsamen palästinensisch-israelischen Widerstand gegen die Besatzung.

Ein Verantwortlicher der Besatzungsbehörden teilte Jeff Halper mit, dass man dieses Haus ins Visier genommen habe, weil es zu einem Symbol geworden sei, und um die »Botschaft« zu verkünden, dass Widerstand, insbesondere ein gemeinsamer mit Israelis, aufs Härteste beantwortet würde. Dennoch beschloss das Komitee, die mutige Familie Shawamreh nicht im Stich zu lassen und nicht zuzulassen, dass hier die Politik der Unterdrückung siegt.

In dieser Nachricht fand ich Trost, wenigstens für einen Augenblick, selbst wenn er noch so kurz war.

Ich war bestürzt, zu erfahren, wie heute die Realität in Rafah aussieht, deren Bewohner ich in der Vergangenheit vor Gericht vertreten habe. Ich habe bereits kurz erwähnt, welch eine Zerstörung israelische Streitkräfte in diesem Ort im Gazastreifen im Frühjahr 2001 angerichtet haben. Doch ich war längere Zeit nicht mehr dort und habe auch nichts durch die Medien erfahren, bis ich auf den Artikel »Ostern im Heiligen Land« in der englischen Zeitung *Independent* stieß. Ihr Korrespondent Robert Fisk hatte Rafah besucht. Ich möchte Auszüge aus seiner Reportage, die am 16. April 2001 veröffentlicht wurde, zitieren:

»Im Dreck und Zementstaub von all dem, was die Israelis gestern von seinem Haus übrig gelassen haben, fand der 81-jährige Mohamed Shaer seinen palästinensischen Pass, nach dem er zuvor vergeblich gesucht hatte. Darin ist das einzige Foto von seiner Frau Mansara zu sehen. Sie starb vor drei Jahren, und Mohamed, mit weißem Bart und weißer Galabiya, lächelte, als er sagte, es sei wahrscheinlich gut so, dass sie diesen Tag nicht mehr erleben musste, an dem das Haus – das sie gemeinsam mit ihm und mit zweien ihrer Söhne, Ibrahim und Mohamed, und deren 17 Kindern bewohnte – von einem israelischen Bulldozer in den Schlamm gewalzt wurde, nachdem er den Grenzzaun durchbrochen hatte. Aus Maschinengewehren wurde das Dach beschossen, während zwei Panzer Granaten in die nahe gelegenen Gebäude feuerten.

Wie beschreibt man wohl an einem der heiligsten Tage im Nahen Osten die rücksichtslose israelische Zerstörung von Häusern in Gaza? Wie beschreibt man die 15 Notbehausungen – die Unterkunft für rund hundert palästinensische Zivilisten – errichtet auf einem riesigen Durcheinander von Holzbalken, Videotapes, schön bestickten Frauenkleidern, Socken und zermalmten Tischen, Einkaufslisten und Brotresten, alles mit Abwasser durchtränkt? Gar nicht zu sprechen von den 35 Verwundeten, dem Jungen, dessen Bein von einer israelischen Granate abgerissen wurde, dem Teenager mit den Schrapnellwunden an seinem Schulterblatt und seiner tauben linken Hand, mit der er vor mir auf seinem Krankenhausbett kraftlos herumwedelt. Ist dies eine Tragödie oder ein Kriegsverbrechen, dieser absichtliche Angriff auf Häuser von Zivilisten?«

Es ist natürlich beides, Robert Fisk. Und es ist eine Katastrophe, dass Israel dies alles ungestraft tut und deshalb auch damit fortfahren kann. Und ich stelle die Frage, die ich mündlich und schriftlich schon so oft gestellt habe, aber immer voller Zorn: »Wie lange noch?«

Ein Volk, das Bäume liebt

Mein Sohn Michael wurde in Israel geboren und wuchs dort auf. Ich erinnere mich noch gut an die Lieder über Bäume, die im Kindergarten und auch später in der Schule gesungen wurden, und an ein paar der Lieder über Bäume, die ich für ihn sang. Erst neulich hörte ich ihn, zusammen mit seiner Frau, einige davon auf Hebräisch für sein Töchterchen Naomi singen.

Michael hat wie alle anderen Kinder den besondern »Tag des Baumes« *Tu Bischwat* gefeiert. Und wir alle kennen den Bibelvers: »Und du wirst in das Land kommen und Bäume pflanzen«.

Mit anderen Worten, wir sind ein Volk, das die Bäume schätzt, doch traurigerweise nur die jüdischen Bäume… Auch in dieser Hinsicht habe ich überaus unschöne Erinnerungen.

Ich habe versucht, Bäume von Palästinensern zu retten, die zum Ausreißen vorgesehen waren, sei es, weil das Land, auf dem sie standen, für eine Siedlung beschlagnahmt worden war oder aber für den Bau einer Umgehungsstraße für die Siedler. Ich habe mit allen mir zur Verfügung stehenden juristischen Mitteln dagegen gekämpft, doch zumeist erfolglos. Und ich habe mit aller Härte gekämpft, denn ich liebe Bäume, auch die von anderen.

Während der Jahre des »Friedensprozesses« sind Hunderttausende von Bäumen durch die Besatzungsmacht für Umgehungsstraßen für die Siedler oder für die Erweiterung von Siedlungen entwurzelt worden. Auch die Regierungen der beiden Nobelpreisträger Rabin und Peres haben diese üble Praxis nicht aufgegeben. Nach all dem, was ich über diese beiden weiß, vor allem über Peres, bin ich stolz, den Alternativen Nobelpreis erhalten zu haben, und ihrem Club nicht anzugehören…

Gideon Levy schrieb am 11. Februar 2001 in der Zeitung *Ha'aretz* zu diesem Thema:

»Die scheinbar marginalen Geschichten offenbaren Israels Doppelmoral. Das massenhafte Ausreißen von Bäumen in jüngster Zeit durch die Armee und durch Siedler führte gewöhnlich nicht zum Blutvergießen. Israels Eroberung war allzu oft von grausamen Aktionen begleitet, wobei nicht nur Bäume die Opfer waren. Aber am letzten Donnerstag, dem *Tu Bischwat*, an Israels ›Tag des Baumes‹, wurde die Doppelmoral wieder einmal sichtbar. Dieses Land, das dem Pflanzen von Bäumen so zugetan ist, dass es sogar einen besonderen Festtag für Bäume schuf, dessen Kinder man seit langem dazu ermuntert, ihren Beitrag für diesen gepriesenen Zweck zu leisten, dessen Dichter voll des Lobes auf den Baum sind, ist zur gleichen Zeit ganz leicht bei der Hand, Tausende von Bäumen, die anderen gehören, zu entwurzeln und abzuhacken.

Wenn der Tag *Tu Bischwat* kommt und das Land mit vielen Zeremonien, Liedern und Slogans die Bäume ehrt, während zur selben Zeit Tausende von Bäumen in den besetzten Gebieten von ebendieser Bäume liebenden Nation mit Absicht entwurzelt werden, so verwandelt sich das schöne Kinderfest der Bäume in ein hässliches Erwachsenenfest der Doppelmoral.«

Dem kann ich nur noch hinzufügen, welchen besonderen Wert meiner Erfahrung nach ein Baum, insbesondere ein Olivenbaum, für einen palästinensischen Bauern hat. Wie viele Jahre hat er ihn gepflegt? Welche Mühen, ihn zu bewässern, hat er auf sich genommen? Der Baum ist nicht nur wichtig für seine Existenz, sondern in vielen Fällen auch für seine Identität. Ein palästinensischer Bauer sagte einmal zu mir: »Dieser Baum ist wie ein Mitglied meiner Familie.«

Die Palästinensische Nationale Autorität bezifferte im Februar 2001 die während der Intifada von den Israelis entwurzelten Bäume auf 93 034. Vernichtet wurden unter anderem »35 576 Olivenbäume, 21 000 Zitrusbäume, 2 374 Palmen; 22 084 Weinstöcke und 12 000 Bananenstauden«.

Doch es gelingt mir kaum, diese erschreckenden Zahlen auf den neuesten Stand zu bringen. Schon während ich dies schreibe, bekomme ich einen weiteren Bericht der Menschenrechtsorganisation *Law*. Er schildert, wie unser bäumeliebendes Volk, vor allem im Gazastreifen, mit dieser grausamen Praxis fortfährt:

»Am 15. März walzte die israelische Armee mit Bulldozern westlich des Abschnitts der Straße zwischen Al Schuhada und Al Mintar, die Ostgaza überquert, auf 61 000 Quadratmetern Land Oliven-, Zitrus- und Obstbäume nieder. Die Aktion begann um zehn Uhr am Vormittag und dauerte bis fünf Uhr am Nachmittag. Dieses Land gehört den Familien Malkam Al Samouni, Dalul, Khweiter, Al Manasrah, Al Arqan, Salma und Al Dahdouh.

Am gleichen Tag machte Israel im Süden von den Gewächshäusern Kafr Darom's (einer israelischen Siedlung, d. A.) auf

4 000 Quadratmetern Dattel- und Mandelbäume platt, die der Familie Gharabeh gehören. Sie zerstörten auch eine Wasser-Pipeline der Makrout-Gesellschaft in der Nähe der östlichen Grenze von Deir el Balah, wodurch viele Häuser in dieser Gegend keine Wasserversorgung mehr haben.

Am Mittwoch, dem 21. März 2001, brach die israelische Armee mit Bulldozern einen Kilometer nördlich der Kissufim-Siedlung im Südwesten von Deir el Balah in ein landwirtschaftliches Areal ein und entwurzelte auf 3 000 Quadratmetern Land Oliven- und Mandelbäume, die Abdullah Al Adeeni gehören. Gleichzeitig zerstörte sie noch ein Bewässerungssystem und ein Geräte- und Dünger-Depot für die Landwirtschaft.«

Ortswechsel: Dir Istya ist ein kleines Dorf in der Westbank. Auch hier war ich früher einmal als Rechtsanwältin tätig. In den siebziger Jahren vertrat ich einige Familien aus dem Ort und versuchte, die Beschlagnahmung ihres Landes abzuwenden. Mit einigen meiner früheren Klienten bin ich bis heute freundschaftlich verbunden.

So viele Jahre des »Friedensprozesses« sind vergangen, doch die Bauern von Dir Istya haben keinen Frieden gefunden. Gila Swirsky von der *Koalition der Frauen für einen gerechten Frieden*, eine unermüdliche Aktivistin aus Jerusalem, beschreibt, was sich im Februar 2001 dort ereignet hat:

»Bulldozer der israelischen Armee erschienen, um den Hain von Olivenbäumen, der palästinensischen Bewohnern von Dir Istya gehört, niederzuwalzen. Die Armee behauptet, Dorfbewohner würden sich hinter den Bäumen verstecken und

Steine auf vorbeifahrende Fahrzeuge werfen. An die 150 Bäume waren schon niedergewalzt, ehe es Friedensaktivisten aus der nahen Umgebung gelang, dort hinzugelangen und sich vor die Bulldozer zu setzen, um die völlige Zerstörung des Hains mit seinen 1500 Bäumen zu verhindern. Eine darauf folgende Anrufung des Obersten Gerichts wurde abgewiesen. Doch der Gerichtshof begrenzte die Größe des Gebiets, das die Armee legal räumen durfte. Nun schlugen die Friedensaktivisten ein Camp auf und warten auf die Rückkehr der Bulldozer.«

Am 6. April 2001 kam es zu einer neuen Entwicklung. Die Bulldozer kehrten tatsächlich zurück, »doch zwei junge Frauen, Neta Golan (29), eine israelische Jüdin, und Jasmin Jayal (22), eine deutsch-palästinensische Frau, die jetzt in Ramallah lebt, warteten schon auf sie. Neta und Jasmine hatten Ketten um ihre Körper gewickelt und sich auf dem Weg der Bulldozer an Olivenbäume gekettet. Die Soldaten forderten sie auf, sich zu entfernen, doch die Frauen weigerten sich. Die Soldaten gingen wieder fort, um Werkzeuge zum Aufbrechen der Ketten zu holen. Dorfbewohner, welche die Konfrontation beobachteten, knieten nieder, um zu beten. Bei ihrer Rückkehr gelang es den Soldaten ziemlich schnell, die Ketten zu durchtrennen, die Bäume zu ›befreien‹ und Neta und Jasmin zu verhaften. Zwei andere junge israelische Friedensaktivisten, Shelly Nativ und Eyal Oron, die eben erst am Ort des Geschehens angekommen waren, wurden gleich mitverhaftet.«

Die Geschichte von Dir Istya zeigt, dass es bei uns auch Menschen gibt, die die Bäume anderer so sehr schätzen, dass sie sogar bereit sind, dafür zu leiden, um sie vor dem Ausreißen zu bewahren. Was mich betrifft, so denke ich, dass ich nichts anderes für Dir Istya tun kann, als darüber zu schreiben und auch über andere Dinge zu reden, in der Hoffnung, dass am Ende auch anderswo Menschen guten Willens ihr Schweigen brechen werden. Und dass schließlich nicht nur Neta, Jasmin und Dutzende oder Hunderte anderer dort sein werden, um sich gegen die Bulldozer zu stellen.

Fazit

Die »Aktivitäten« des Staates zeigen, in welche Richtung die israelische Politik steuert, unter anderem durch den auch während der Intifada fortgesetzten Siedlungsbau, als dauerhafte Provokation für die Palästinenser.

Der Minister für Wohnungswesen, Natan Scharansky, plant für das Jahr 2001 5000 neue Wohnungen für jüdische Siedler auf der Westbank. Shimon Peres weist internationale Einwände mit der Erklärung zurück, das sei nur eine Antwort auf »die Bedürfnisse natürlichen Wachstums« (Ha'aretz, 10. April 2001). Der Minister weiß nur allzu gut, dass das nicht wahr ist. Die Organisation *Peace now* hat die Lage vor Ort untersucht und festgestellt, dass Hunderte von Apartments in den Siedlungen leer stehen.

Übrigens: Der Kern der Bemühungen um eine Waffenruhe zwischen Israel und den Palästinensern, die Ende April 2001 von Jordanien und Ägypten eingebrachte so genannte Initiative der Deeskalation, beinhaltet einen Stopp des Siedlungsbaus. Wenn Israel sich dazu nicht bereit erklärt, so wie das jetzt der Fall ist, und die Palästinenser sich nicht beugen werden, das hinzunehmen, wird diese Initiative scheitern. (Siehe Seite 172)

Die Professorin Tania Reinhardt zitiert Scharon aus einem erstaunlich offenen Interview, das die Zeitung *Ha'aretz* am 13. April 2001 veröffentlichte und in dem er sich entschloss, dem Volk die Wahrheit zu sagen. Sie schreibt:

»Wie seine Vorgänger behauptet auch Scharon, dass die arabische Welt für einen Frieden noch nicht reif sei, aber anders als seine Vorgänger sagt er ganz offen, dass keine Veränderung in der arabischen Welt Israel dazu bringen wird, auch nur einen Zentimeter Land aufzugeben. Selbst beim Austausch für einen Frieden mit Syrien ›können wir die Golanhöhen nicht verlassen‹. Was die Palästinenser betrifft, so will es sich Scharon – wenn alle Bedingungen erfüllt sind – überlegen, ob man ihnen 42 Prozent der besetzten Gebiete zur Kontrolle überlässt (›Ich sagte nicht 50 Prozent, ich sagte 42 Prozent‹). Auf jeden Fall wird kein Abkommen die Räumung der Siedlungen mit einschließen – ›Ist es denn möglich, heute die Kontrolle über die Wasserlagerstätten auf den Hügeln (in der Westbank, d. A.) abzutreten, ein Reservoir, das uns zu einem Drittel mit unserem Wasser versorgt? Ist es denn möglich, die Pufferzone im Jordantal wegzugeben?‹ ›Netzarim besitzt eine ungeheure Bedeutung für die Sicherheit‹, und was Hebron angeht, ›so liegen doch dort die Gräber der Patriarchen (…) Dies sind unsere tiefsten Wurzeln‹.« (Yediot Aharonot, 18. April 2001)

Tania Reinhardt meint, dass an diesen Worten nichts Neues ist und dass die Pläne aller israelischen Regierungen das Ziel verfolgten, die Kontrolle über die besetzten Gebiete zu behalten. Netzarim, die Siedlung im Gazastreifen, wurde ja nicht aus Zufall gebaut. Scharon zufolge »wurde sie als Teil eines Plans errichtet, der vorsieht, dass zwischen Khan Junis und Gaza-Stadt ein Puffer existieren muss, und auch deshalb, weil wir einen Zugang von der ›Grünen Grenze‹ zur Küste haben sollten«.

Deutlicher geht's nicht.

Die Schlagzeilen vom April 2001 sprechen für sich: Israels Armee marschiert in Gaza ein, und zwar als Antwort, wie es heißt, auf palästinensische Übergriffe mit Mörsergranaten. (tageszeitung, 12. April 2001) Doch Scharon spielt auch anderswo mit dem Feuer: Israel bombardiert eine syrische Radarstation im Libanon (tageszeitung, 17. April 2001). Es ist der erste Angriff auf eine syrische Militäreinrichtung seit 1996. Das Bombardement wird gerechtfertigt als Vergeltung für einen Angriff der Hisbollah auf einen sich in einem strittigen Grenzabschnitt bewegenden israelischen Panzer, bei dem ein israelischer Soldat getötet wurde.

Israel besetzt Beit Hanoun im nördlichen Gazastreifen (tageszeitung, 18. April 2001). Die Lage verschärft sich weiter. Die Besetzung wird als Vergeltung für den Beschuss des Städtchens Sderot mit Mörsergranaten durch die Hamas erklärt. Der israelische Rückzug folgt kurz darauf, weil die USA diese Besetzung als unangemessen verurteilen.

Es kommt zu einer kurzen Wiederbesetzung. Die Lage eskaliert. Israelische Streitkräfte teilen den Gazastreifen in drei Gebiete. Die Bewegungsfreiheit der Palästinenser, die ohnehin schon sehr gering ist, wird dadurch noch weiter eingeschränkt. Die Blockade wird laut Israel ausgesetzt. Doch die Palästinenser beklagen weitere Behinderungen ihrer Bewegungsfreiheit.

Beinahe täglich gibt es Aktionen dieser Art. Am 19. April 2001 berichtet das *Schwäbische Tagblatt*: »Ungeachtet internationaler Kritik sind israelische Truppen gestern erneut kurzfristig auf autonomes palästinensisches Gebiet im Gaza-

streifen vorgedrungen. Panzer und Bulldozer zerstörten nach
palästinensischen Angaben einen Polizeiposten in Rafah im
Süden des Gebiets. Dann zogen sich die Soldaten wieder auf
israelisch kontrolliertes Gebiet zurück.«

Der Bonner *Generalanzeiger* berichtet am 9. April 2001: »Bei
Unruhen in den Autonomiegebieten wurden am Dienstag
drei palästinensische Kinder und Jugendliche getötet. Im Gazastreifen kam beim Beschuss eines Flüchtlingslagers ein
zehnjähriger Junge ums Leben, wie Ärzte mitteilten. Ein 14-
Jähriger wurde nahe des Grenzübergangs Karni erschossen.
Im Westjordanland wurde ein 16-Jähriger getötet.«

Die israelischen Militäraktionen sind auch von der Menschenrechtskommission der Vereinten Nationen kritisiert
worden. Die im Frühjahr 2001 in Genf tagende Kommission
verabschiedete gegen den Willen der USA und Israels drei
Resolutionen, in denen die »unangemessene Gewaltanwendung« Israels angeprangert wird. In einer im Namen der Euro-
päischen Union eingebrachten Resolution wird Israel aufge-
fordert, den Bau neuer Siedlungen in den besetzten Gebieten
zu unterlassen. Die sechs EU-Länder Frankreich, Italien, Eng-
land und Deutschland enthielten sich der Stimme. Eine merk-
würdige Enthaltung.

»Der Weltsicherheitsrat hat seine ›tiefe Bestürzung‹ über
das Vordringen israelischer Truppen auf autonomes palästinensisches Territorium ausgedrückt. Er verurteilte ›diesen
neuen Zyklus der Gewalt‹. Die Europäische Union bezeichnete die jüngsten israelischen Angriffe auf Einrichtungen im
palästinensischen Autonomiegebiet als ›exzessiv und unver-
hältnismäßig‹. Die israelischen Reaktionen eskalierten die Ge-

walt und verschärften den Konflikt. Wie es hieß, war das die schärfste Kritik an Israel seit Jahren.« (dpa, 20. April 2001)

Die Frage ist, wie konsequent werden die Kritiker bleiben ... Und was tut die Arbeitspartei in Israel? Der berühmte Nobelpreisträger Peres hat seine Bedenken gegen die Bombardierung der syrischen Radarstation geäußert, um sie am nächsten Tag vor dem jordanischen Außenminister, der Israel besuchte, zu rechtfertigen. Andere aggressive Aktionen der Regierung, die ich geschildert habe, wurden von der Arbeitspartei erst gar nicht in Frage gestellt, und Verteidigungsminister Ben-Elieser trug alle Entscheidungen mit großem Eifer mit. In der Tat, eine echte Einheit, die konsequent zur Explosion führt.

Nach Meinungsumfragen im Frühjahr 2001 findet diese Politik breite Zustimmung in der israelischen Bevölkerung. Dies ist unter anderem ein Ergebnis der antipalästinensischen Propaganda, die schon Barak vehement mit der Parole betrieben hatte, die Palästinenser seien stur und wären keine Partner für den Frieden.

Die arabischen Völker murren, Hunderttausende demonstrieren gegen Israel. Sie beklagen – wie die Palästinenser selbst – die mangelnde konkrete Solidarität und Hilfe seitens der arabischen Regierungen für das leidende palästinensische Volk.

Unterdessen hat Rabbi Ovadia Yosef, der rechtsgerichtete, charismatische Vorsitzende der orthodoxen Schas-Partei (mit 17 Sitzen die drittgrößte Partei in der Knesset) zum Töten von Arabern aufgerufen. Kurz danach korrigiert er sich, er habe damit nur die Terroristen gemeint.

Seit Jahrzehnten wird der gesamte völkerrechtlich legitime palästinensische Widerstand gegen die fortdauernde Besatzung, Unterdrückung und Enteignung als Terror bezeichnet. Das Ziel von Israel ist, die Palästinenser zum Verzweifeln zu bringen, sodass sie kapitulieren. Sie sollen auf ihre legitimen Rechte verzichten und sich dem Diktat Israels und der USA beugen. Angestrebt wird folglich nicht nur eine partielle, sondern eine bedingungslose Kapitulation.

Noch bleiben die Palästinenser trotz allem standhaft.

»Die Frage ist, welche Seite zuerst müde wird. Aber das werden nicht wir sein«, prophezeite der israelische Minister Ben-Eliezer. Das mächtige Israel erklärt zynisch, dass es einen Zermürbungskrieg gegen die Bevölkerung in den besetzten Gebieten führt, eine Bevölkerung, die sie nach internationalem Recht zu schützen verpflichtet ist.

Dany Rubinstein, der Korrespondent für Arabische Angelegenheiten der Zeitung *Ha'aretz*, schilderte am 23. April 2001 die Antwort der Palästinenser auf Ben-Eliesers Äußerung: »Aber auch wir werden nicht die Ersten sein, die müde werden, sagten sie. Und in der Tat, wenn die Ereignisse auf dem Boden der Westbank und im Gazastreifen das Durchhaltevermögen der Bevölkerung widerspiegeln, so sind bei den Palästinensern keine Anzeichen von Ermüdung oder einem Zusammenbruch zu erkennen. Im Gegenteil. Trotz aller Hindernisse, Opfer und Leiden sieht es so aus, als könne die palästinensische Bevölkerung in den besetzten Gebieten durchhalten und den Intifada-Aufstand eine Zeit lang fortsetzen.«

Das *Jerusalem Media and Communication Center*, das sich – mit Unterstützung der Friedrich-Ebert-Stiftung – mit der politischen Meinungsforschung in Palästina beschäftigt, hat bei einer Umfrage vom 10. bis 12. April 2001 unter anderem die Frage gestellt, ob die Al-Aqsa-Intifada fortgesetzt werden sollte. 80,2 Prozent der Bevölkerung bejahten dies. Im Dezember 2000 waren es 70,1 Prozent gewesen. Der Trend ist klar: Die Palästinenser begreifen die Intifada als Kampf für die Befreiung von der unerträglichen Besatzung.

Was die Rolle der USA angeht, so ist zu sagen, dass Israel nur dank der kolossalen finanziellen, militärischen und politischen Unterstützung der USA imstande ist, seine aggressive Politik fortzusetzen und die Siedlungen weiter auszubauen.

Ha'aretz berichtete am 3. November 2000, dass Israel die seit zehn Jahren größte Anzahl von Hubschraubern in den USA erworben hat. Die Helikopter kommen in den besetzten Gebieten gegen die palästinensische Zivilbevölkerung zum Einsatz. Diese Waffenlieferung ist jedoch nur die Spitze des Eisberges.

Israel ignoriert die Resolutionen der Vereinten Nationen, mit der freundlichen Unterstützung der USA, als ob das Völkerrecht für uns keine Geltung hätte.

Die Palästinenser, die der exzessiven, grauenhaften Gewalt der regionalen Militärmacht Israel ausgeliefert sind, beantragten zum Schutz der Bevölkerung im UN-Sicherheitsrat die Entsendung von internationalen Beobachtern in die Westbank und den Gazastreifen. Am 28. März 2001 legten die USA ihr Veto ein, die entsprechende Resolution scheiterte. Also: Kein Schutz durch die Vereinten Nationen. Israel behält damit freie Hand, um den Zermürbungskrieg gegen die Palästinenser ungestört fortsetzen zu können.

Die Bilanz der sieben Monate Intifada ist erschreckend. Die Palästinenser beklagen 460 Tote und mehr als 15 000 Verwundete, Israel 78 Tote und 868 Verwundete. Auf einer Pressekonferenz in Ramallah analysierte Dr. Mustafa Bargouthi die Situation. Anne Pongar berichtete darüber in der *tageszeitung* am 2. Mai 2001:

»Die Unproportionalität der Gewalt spreche Bände: Israels Armee, eine der fünf stärksten Armeen der Welt, setze Flugzeuge, Panzer, Raketen, Artillerie, Bulldozer und Scharfschützen zur Niederschlagung eines Aufstandes gegen die Besatzung ein. Sechsmal so viele Palästinenser wie Israelis seien mittlerweile getötet worden, 88 Prozent davon Zivilisten. ›Dennoch stellt Israel sich der Welt und in Selbstbeschau beständig als existentiell bedrohtes Opfer dar‹, sagte Bargouthi.

Selbst israelische Friedensaktivisten fielen darauf herein und zeigten sich von der palästinensischen Seite ›enttäuscht‹. Ihre Verbitterung entspringe dem Mythos, Barak habe den Palästinensern das großzügige Angebot von 95 Prozent besetzten Territoriums gemacht, das von Palästinenserchef Arafat zurückgewiesen worden sei. ›Ein Blick auf die Landkarte beweist, dass weniger als 80 Prozent angeboten wurden. Allein das unter israelischer Kontrolle bleibende Jordantal sowie Siedlungen, Umgehungsstraßen und heilige jüdische Stätten hätten rund 20 Prozent des Westjordanlandes ausgemacht.‹

Doch nicht nur an den Prozentzahlen seien die Gespräche gescheitert, meint Bargouthi: ›Durch israelische Kontrolle aller äußeren Grenzen und dem Fortbestand von Siedlungen hätte ein Palästinenserstaat die Qualität eines großen Gefängnisses bekommen, mit Dutzenden voneinander abgetrennten

Zellen, in denen die Gefangenen – wie in einem wirklichen Knast – gewisse Autonomie genießen.‹

Überdies würden israelische Existenzängste durch den Mythos geschürt, Arafat habe de facto die Rückkehr von fast vier Millionen Flüchtlingen ultimativ gefordert. ›Im Zuge von Camp David war lediglich von deklarativer Anerkennung palästinensischen Rückkehrrechts und Mitverantwortung für die Vertreibung und Entschädigung die Rede‹, betonte Bargouthi. ›Dazu gab es Lösungsansätze, die wegen Gesprächsabbruchs nicht mehr zum Tragen kamen.‹«

Bargouthi hat sich an die israelische und an die Weltöffentlichkeit gewandt. Aber wie verhält sich diese Weltöffentlichkeit, die doch nicht nur aus den USA besteht, obwohl sich ihr Präsident Bush ab und zu so benimmt, als sei das so?

Europa, Deutschland eingeschlossen, ist zur ernsthaften Einmischung aufgerufen, zur Verurteilung von Israels Taten, die dem Völkerrecht so klar zuwiderlaufen. Eine Einmischung für den Frieden ist angesagt, die Ausübung von politischem Druck auf Israel. Diese Einmischung hat keinen antiisraelischen Charakter. Antiisraelisch ist die Regierungspolitik von Scharon, die eine Tragödie auch für Israel ist. Unsere Friedensgruppen, Menschenrechtsorganisationen, deren Stellungnahmen und Aktionen ich geschildert habe, wünschen sich diese Einmischung und diesen Druck auf Israel, auch aus Deutschland. Es wäre ein Beitrag, sie zu stärken.

Wir haben kein Recht, als Opfer von gestern Täter von heute zu sein und die Schuldgefühle der anderen, insbesondere der Deutschen, zu instrumentalisieren, um sie, was unsere Taten angeht, zum Schweigen zu bringen. Man muss klar sagen, dass die Instrumentalisierung des Holocaust zur Rechtfertigung unserer Taten gegen die Palästinenser unzulässig ist.

Die Aufgabe, Rassismus, Antisemitismus und Fremdenhass zu bekämpfen, ist eine der wichtigsten Aufgaben der Deutschen, aber dies kann nicht bedeuten, auf völkerrechtswidrige israelische Taten nicht zu reagieren.

Die Solidarität mit den Palästinensern und mit unseren konsequenten Friedenskräften ist ein Imperativ.

Die Forderungen der Palästinenser sind in den Resolutionen der Vereinten Nationen verankert und entsprechen dem Völkerrecht. Die Palästinenser haben in einem historischen Kompromiss Israel in den Grenzen von 1967 bereits 1988 anerkannt. Sie sind bereit, einen lebensfähigen, selbständigen palästinensischen Staat in den seit 1967 besetzten Gebieten, mit Ostjerusalem als Hauptstadt, zu akzeptieren, nämlich auf nur 22 Prozent des historischen Palästina. Dies ist die Großzügigkeit der Palästinenser, und sie beweist ihre essentielle Kompromissbereitschaft. Doch wir müssen auch die Flüchtlingsfrage, die wir 1948 verursacht haben, völkerrechtlich lösen, das heißt das Recht der Flüchtlinge auf Rückkehr anerkennen, wie das die UNO-Resolution 194 schon 1948 forderte.

Es gibt keinen anderen Weg zu Frieden und Versöhnung. Alle anderen Wege sind nicht nur ungerecht und unmoralisch, sie sind gefährlich und führen in den Teufelskreis von Gewalt, Krieg und Zerstörung. Sie führen zur weiteren Erodierung unserer moralischen Werte, zur Beraubung der Menschenwürde der Palästinenser durch unsere Politik und unsere Soldateska, wie ich das an konkreten Beispielen gezeigt habe.

Die Palästinenser fühlen sich von der Welt nicht verstanden und verlassen, obwohl sie das Recht auf ihrer Seite haben.
»Wir schauen zu, wie uns Israel zum Tode verurteilt und den
Exekutionsbefehl durchführt, während wir hilflos dastehen
und unfähig sind, uns zu verteidigen, obwohl unsere Sache
eine gerechte Sache ist«, meinte einer von ihnen. (Jerusalem
Times, 13. April 2001)

Ein verzweifelter Hilferuf. Man darf ihn nicht überhören,
man darf ihn nicht unbeantwortet lassen – der Menschlichkeit
zuliebe.

Nachwort

In den Monaten Mai, Juni bis Juli 2001 hat sich das Bild des Schreckens nicht geändert. Im Gegenteil. Die Belagerung der besetzten Gebiete hält immer noch an. Weitere drei Frauen haben ihre Kinder an israelischen Sperren geboren:

Am 15. Mai 2001 wollte Nawal Issa aus Um Salmounah, einem Dorf südöstlich von Bethlehem, in ein Krankenhaus von Ostjerusalem fahren. Sie wurde an einem Checkpoint so lange aufgehalten, bis sie ihr Kind an der Sperre gebar.

Am 8. Juni 2001 gebar Jamla Hassan Murshed Ehzeirat, eine 40-Jährige, ihr Kind an einer israelischen Straßensperre zwischen dem Dorf Jeftlik und Al-Ouja (Jericho) in der Nähe des Jordantals, nachdem israelische Soldaten wiederholt ihre Bitten abgelehnt hatten, die Sperre passieren zu dürfen. Die Soldaten ignorierten ihre Tränen und ihre Schmerzen und stoppten das Privatauto, das sie zum Krankenhaus bringen sollte, zwei Stunden lang. Erst als die Soldaten das Baby nach der Geburt schreien hörten, ließen sie den Wagen passieren. Dr. Mohammad Al-Arik, der Direktor des Jericho-Krankenhauses, teilte mit, dass Mutter und Kind in einem sehr schlechten Zustand im Krankenhaus ankamen und »die Mutter an einer schweren, lebensbedrohlichen Blutung litt«.

Am 11. Juli 2001 erhielt ich folgende traurige Nachricht vom *Palästinensischen Monitor* über Todesfälle an Straßensperren:

»Die 30-jährige Furial Idris und ihr Mann wollten zu einer Klinik im nördlich gelegenen Westbank-Dorf Tubas fahren, als sie von israelischen Soldaten an einer Straßensperre im Jordantal gestoppt wurden. Dem Mann zufolge, ließen die Soldaten, die sich des ernsten Zustandes der Frau voll bewusst waren, sie nicht passieren, und einige von ihnen ignorierten auch ihre Bitten um Hilfe. Der Familie gelang es schließlich, ins Krankenhaus zu kommen, doch das Baby war auf dem Weg dorthin gestorben.

Bei einem anderen Vorkommnis starb Muhammad Khalifa (49) an einer Sperre, nachdem sich die israelischen Soldaten geweigert hatten, eine Fahrerlaubnis zu erteilen. Khalifa hatte einen Herzanfall erlitten und war auf dem Wege von seinem Dorf Faqua'a zu einem Krankenhaus in der Stadt Jenin gewesen. Man hatte ihn gezwungen, länger als eine Stunde am Checkpoint zu bleiben. Er starb, während er dort wartete.«

Der BBC-Korrespondent im Gazastreifen, Frank Gardner, berichtete am 15. Juni 2001, dass die Vereinten Nationen wegen Knappheit medizinischer Hilfsmittel vor einer humanitären Krise im Gazastreifen warnten. Peter Hansen, der Vorstand der Hilfsprogramms der Vereinten Nationen (UNWRA), sagte, dass während der acht Monate dauernden israelischen Blockaden 60 Lastwagen mit medizinischen Hilfsgütern davon abgehalten wurden, die Palästinenser im Gazastreifen zu erreichen. Die Kliniken der Vereinten Nationen registrierten einen kritischen Engpass.

Die Blockade macht viele Menschen in den besetzten Gebieten arbeitslos und abhängig von Lebensmittelpaketen der Vereinten Nationen. Wie die englische Zeitung *Guardian* am 28. Juni 2001 aus Jerusalem meldet, hat sich die Lage vieler Palästinenser in den vorangegangenen Monaten sehr verschlechtert.

Die *tageszeitung* berichtete am 25. Juni 2001, dass israelische Friedensaktivisten Lebensmittel in das palästinensische Dorf Broukin in die Westbank bringen. Die Zufahrtsstraße zu dem Ort ist von israelischen Soldaten zerstört worden.

Das massive Ausreißen von palästinensischen Oliven- und Obstbäumen durch die israelische Armee und die Siedler wird fortgesetzt. Die israelische Zeitschrift *Between the Lines* schrieb im Juni 2001 dazu: »Die Fortsetzung des Zerstörens riesiger Teilstücke von Obsthainen und Weingärten und anderen Formen der Vegetation im Gazastreifen und in der Westbank veranlasste den früheren britischen Minister Jan Gilmore zu der Bemerkung: ›Die Israelis haben sich einmal damit gebrüstet, die Wüste zum Blühen zu bringen, jetzt können sie sich damit brüsten, dass sie ein vormals blühendes palästinensisches Land in eine Wüste verwandelt haben.‹«

Die Beschlagnahmung palästinensischen Landes in der Gegend von Ramallah/El Bireh wurde intensiviert. Dies führte dazu, dass das Gebiet in vier Teile zerstückelt wurde. Jedes Teilstück ist vom anderen sowie vom Zentrum durch Militärsperren isoliert.

Auf dem konfiszierten Land schaffen die Siedler neue Fakten unter den wohl wollenden Blicken der israelischen Armee. So zum Beispiel auf den Ländereien des Dorfes Al Khader, das ich in der Vergangenheit gegen die Beschlagnahmung verteidigt hatte. Al Khader ist ein kleiner palästinensischer Ort in der Nähe von Bethlehem, unweit der israelischen Siedlung Efrat, die bereits auf beschlagnahmten palästinensischen Land errichtet worden ist. Jahrelang hatten die Siedler von Efrat ein begehrliches Auge auf das restliche Land, das Al Khader gehört, geworfen. Im Frühjahr 2001 haben Siedler drei mobile Häuser auf einem Hügel errichtet, um ihren Besitzanspruch geltend zu machen. Es gab Protestdemonstrationen israelischer Friedensgruppen in Al Khader, alle gewaltlos. Sie wurden brutal von der Armee aufgelöst.

Am 18. Mai 2001 wurde in Natanya ein Selbstmordattentat verübt, bei dem fünf Menschen starben und 100 verletzt wurden. Wie ich bereits schrieb, verurteile ich diese Taten als Terrorakte und traure um ihre Opfer. Aber ich bin auch überzeugt davon, dass die israelische Politik der brutalen Unterdrückung der Palästinenser, die ich geschildert habe, den fruchtbaren Boden für solch schreckliche Taten bereitet; solange die Unterdrückung nicht aufhört, solange werden unschuldige Israelis dafür mit ihrem Leben bezahlen.

Israel reagierte auf das Attentat vom 18. Mai 2001 mit einer noch nie zuvor da gewesenen Kriegshandlung. Der *Palästinensische Monitor* erklärte in einem dringenden Appell:

»Israelische Kampfflugzeuge – F-16-Bomber – schossen viele Raketen auf die palästinensischen Städte Ramallah und Nablus in der Westbank. Das Ergebnis war: Zehn Menschen wurden getötet und mindestens 80 Palästinenser verwundet.

Viele der Verwundeten waren Häftlinge in einem Gefängnis in Nablus, die das Gebäude nicht verlassen konnten, als das Bombardement begann. Dieser absichtliche Beschuss wehrloser Gefangener ist ein strafbarer Akt und in der Tat die Exekution der Todesstrafe an ihnen.

Wegen der Tat eines einzelnen Palästinensers kann nicht eine ganze Zivilbevölkerung durch einen Staat terrorisiert werden. Die Palästinenser sind größtenteils ohne Schutz; sie haben keine Armee und keine Flugabwehr.

Zum Zeitpunkt der Niederschrift (dieses Appells) greifen die israelischen Flugzeuge auch die Stadt Tulkarem in der Westbank an und beschießen gleichzeitig mit F-16-Bombern und Kampfhubschraubern vier Gebiete im Gazastreifen.«

Diesmal wurde die Kriegseskalation in Israel kritisiert und aufs schärfste von der internationalen Gemeinschaft verurteilt. Auch die USA, die Israel mit diesen Flugzeugen versorgte, kritisierte das israelische Vorgehen.

Ein weiterer schrecklicher Selbstmordanschlag zerstörte am 1. Juni eine Diskothek in Tel Aviv. 21 unschuldige junge Israelis wurden getötet und mehr als 100 verwundet. Der deutsche Außenminister Fischer, der sich damals zufällig in der Stadt aufhielt, wurde allenthalben als Vermittler zwischen Israel und den Palästinensern gepriesen. Doch er agierte als Schreckensbote und übermittelte den Palästinensern die israelische Drohung, man werde im Falle weiterer palästinensischer Gewalt die Infrastruktur – also die Strom- und Wasserversorgung, Brücken und Straßen etc. – in den Autonomiegebieten zerstören. Detlev Ahlers kritisierte am 5. Juni 2001 diese Art von Vermittlertätigkeit im *Schwäbischen Tagblatt*. Ähnliches sagen auch unsere Friedenskräfte: Eine wirkliche Vermittlung ist nur dann möglich, wenn auch Israels Taten verurteilt werden. Fischer hat das nicht getan, obwohl man sicher sein kann, dass er von ihnen wusste. Ihm dürfte nicht verborgen geblieben sein, dass viele Israelis und Menschenrechtsorganisationen die israelische Politik den Palästinensern gegenüber schärfstens verurteilen.

Die Exekutierung von Palästinensern, die von den israelischen Geheimdiensten als Führungskader der aufständischen

Palästinenser eingeschätzt werden, wird fortgesetzt. Diese Politik der Hinrichtung von Menschen ohne Anklageerhebung und ohne Prozess wird von der israelischen Regierung offiziell gebilligt. Nach israelischen Pressemeldungen gibt es eine Liste mit 26 bis 30 Personen, die für die »Liquidierung« vorgesehen sind.

Der Generalsekretär der Vereinten Nationen, Kofi Annan, reagierte auf diese Morde an Palästinensern in Nablus und Jenin am 6. Juli 2001 in ungewöhnlich scharfer Weise. Er rief dazu auf, die Liquidierungen sofort zu stoppen, da sie nicht nur gegen das internationale Recht, insbesondere die Menschenrechte verstoßen, sondern auch gegen die allgemeinen Prinzipien der Rechts.

Gideon Levy schrieb am 8. Juli 2001 in *Ha'aretz*, dass die Billigung zur Durchführung der Liquidierungen und ihre Erhebung zur offiziellen Politik ein weiteres Zeichen für den moralischen Zerfall Israels ist.

Die Zahl der Opfer steigt täglich. Hans Lebrecht berichtete am 8. Juli 2001 über mittlerweile 520 tote Palästinenser und 122 tote Israelis.

Ein Lichtblick in der Finsternis sind die Friedensdemonstrationen. Am 8. Juni 2001 fand auf dem Pariser Platz in Westjerusalem eine große Kundgebung statt. Sie war von der Koalition *Frauen für den Frieden* organisiert worden. Alle konsequenten Friedensgruppen in Israel, aber auch palästinensische Friedensaktivistinnen nahmen daran teil.

Es gibt auch noch andere Nachrichten, die unseren Premierminister Ariel Sharon betreffen. Nach einer Meldung der Presseagentur Reuters vom 18. Juni 2001 ist Suaf Srurr Mere'eh, eine Überlebende des Massakers von Sabra und Schatila (das 1982 während der israelischen Invasion in den Libanon statt-fand und von libanesischen Miliz-Kollaborateuren Israels durchgeführt worden war) in Begleitung ihres Rechtsanwalts von Beirut nach Belgien gereist. Sie will dort gegen Scharon Anklage wegen Verbrechen gegen die Menschlichkeit erhe-ben. Denn 1993 wurde in Belgien ein Gesetz verabschiedet, das belgischen Gerichtshöfen ermöglicht, Prozesse gegen Nichtbelgier wegen Menschenrechtsverletzungen zu führen oder Genoziden, die außerhalb Belgiens begangen wurden.

Milizen, die im Sommer 1982 in das Lager eingedrungen waren, hatten Mere'eh vergewaltigt und fast alle ihre Familien-mitglieder getötet. Sie überlebte mit einer Kugel im Rückgrat, die sich noch immer dort befindet. Der öffentliche Ankläger in Belgien entschied, dass in Belgien ein Strafprozess gegen Scharon wegen Kriegsverbrechen möglich sei. Deshalb muss-te Scharon Belgien auf einer Reise durch Europa im Juni 2001 unter dem Vorwand des Zeitmangels auslassen. Manche israe-lischen Zeitungen spotteten über diese miserable Entschul-digung. Die Zeitung *Ha'aretz* erinnerte am 2. Juli 2001 noch an Folgendes: »Vor zwei Jahren waren in der Tat Anstrengun-gen unternommen worden, einen Auslieferungsantrag gegen Außenminister Shimon Peres zu stellen, wegen der Bombar-dierung des Dorfes Kana im Libanon im Jahre 1996, die zum Tode von einigen hundert Zivilisten geführt hatte. Peres war damals Premierminister gewesen.«

Die US-amerikanische Menschenrechtsorganisation *Hu-man Rights Watch* verlangte am 28. Juni 2001 in New York, dring-lich Ermittlungen gegen Ariel Scharon aufzunehmen, und erklärte, Präsident Bush sollte Scharon unbedingt nahe legen, bei Ermittlungen zu kooperieren.

Nichtsdestotrotz bekam Scharon während seines Deutschlandsbesuchs kein kritisches Wort über seine vergangene und gegenwärtige Politik zu hören, geschweige denn eine Verurteilung dieser Politik. Er fühlte sich in Deutschland wohl und pries offiziell »die ausgeglichene Einstellung Deutschlands gegenüber Arabern und Israelis«. Ich wage zu behaupten, dass solch ein Lob aus dem Munde Scharons ein zweifelhaftes Kompliment ist.

Die britischen Zeitungen *Foreign Report* und *Jane's*, aber auch andere Medien berichteten im Juli 2001 über Scharons Invasionspläne, die Autonomiegebiete betreffend. Arafat und die palästinensische Führung sollen entweder liquidiert oder aus Gaza und der Westbank vertrieben werden. Israel dementierte dies. Doch darauf folgende Konzentrationen von israelischen Truppen und Panzern in den besetzten Gebieten stellen eine kriegerische Drohgebärde und gefährliche Eskalation dar.

Es vergeht kein Tag, an dem es keine schlechten Meldungen aus Nahost gibt. Wollte ich sie alle dokumentieren, könnte ich das Manuskript zu diesem Buch so schnell nicht zum Abschluss bringen.

Die Intifada geht weiter, und Scharon spielt mit dem Feuer. Im Sommer 2001 kündigte er an, er wolle die israelischen Siedlungen auf den besetzten syrischen Golanhöhen erweitern. Gleichzeitig gibt es neue Nachrichten über Häuserzerstörungen in Ostjerusalem und Rafah. Joel Greenberg berichtete am 10. Juli aus Jerusalem für die *New York Times*, dass israelische

Bulldozer am Tag zuvor 14 im Bau befindliche palästinensische Häuser im Flüchtlingslager Shuafat zerstört haben, weil sie ohne Genehmigung errichtet wurden. Die palästinensischen Familien leben dort unter miserablen Bedingungen und wollten in bescheidene Häuser einziehen. Sie konnten gegen den Abriss keinen Einspruch einlegen, weil die Zerstörungsanweisungen ihnen zu spät zugestellt worden waren. Einige Personen versuchten, sich dem Abriss zu widersetzen, doch vergeblich. Fünf Palästinenser wurden verletzt, mehrere verhaftet.

Wie ich bereits geschrieben habe, ist es für Araber in Ostjerusalem buchstäblich unmöglich, eine Baugenehmigung zu erhalten (siehe Seite 31 und 134).

Joel Greenberg beschreibt das Lager Shuafat als »ein abfallübersätes Labyrinth dicht aneinander gedrängter Häuser und enger Gassen, das überhaupt keine kommunalen Dienstleistungen der Stadt erhält. Es liegt jenseits eines Tales, gegenüber einer breit angelegten jüdischen Siedlung, errichtet auf Land, das Israel im arabisch-israelischen Krieg 1967 erobert hatte.«

Greenberg traf in Shuafat den 36-jährigen Wael Muhammad Ali. Der Vater von sieben Kindern stand neben den Ruinen seines Hauses, das er zusammen mit seinen drei Brüdern für ihre Familien gebaut hatte, und blickte hinauf zu den Reihen neuer Häuser in der jüdischen Siedlung, die sich jenseits des Tales erheben. »Die können bauen, so viel sie wollen, aber ich nicht«, sagte Herr Ali. »Ich explodiere«, erklärte er dem Journalisten. »Ich werde mich der Hamas anschließen und mich in die Luft jagen.« Er meinte die militante islamische Gruppierung. »Schreiben Sie das!«

Einen Tag später rückten drei israelische Bulldozer, unterstützt von 15 Panzern und einem großen Kontingent an Soldaten, früh in der Morgendämmerung in Rafah im südlichsten Teil des Gazastreifens an. Bis sechs Uhr morgens machten sie 14 Wohnhäuser platt. Sieben Palästinenser wurden verwundet, als sie versuchten, ihr Hab und Gut zu verteidigen.

Dieses Mal verurteilten selbst die USA die Zerstörungen, doch die israelischen Behörden erklärten, dass sie mit dieser Politik fortfahren wollen. Ohne internationalen Druck werden sie ihre brutalen Praktiken nicht stoppen und weiterhin einen Abgrund von Hass und Rachegefühlen unter den Palästinensern schaffen.

Die palästinensischen und israelischen Friedens- und Menschenrechtsorganisation appellierten im Sommer 2001 an die Weltgemeinschaft, doch endlich zu handeln und die Eskalation der israelischen Armee gegen die Palästinenser zu beenden, einen internationalen Schutz für das palästinensische Volk zu gewährleisten und sicherzustellen, dass jede Friedensregelung auf dem völligen Rückzug Israels aus den besetzten Gebieten basiert, so wie das dem internationalen Recht entspricht.

Abschließlich möchte ich noch betonen, dass ein jeder, der über Gewalt der Palästinenser spricht, sich eine grundlegende Wahrheit vor Augen halten sollte: Die israelische, nun schon 34 Jahre währende Besatzung ist die Verkörperung, ja der Inbegriff von Gewalt. Deshalb ist ein Ende der Besatzung die conditio sine qua non für die Beendigung der Gewalt. Die Geschichte lehrt, dass ein Ende der Besatzung unvermeidbar ist.

Anhang

Lea Tsemels Laudatio in der Zeitschrift »DU« (AT) im April 1998

Felicia Langer – Auf dem Pfad der Eroberung

Liebe Felicia,
du wurdest durch eine Frauenzeitschrift als eine der bedeutendsten Frauen erwählt, aus denen sich das Mosaik unserer (israelischen) Gesellschaft zusammensetzt, und ich freue mich über die Gelegenheit, dir einen öffentlichen Liebesbrief zu schreiben, dessen Zeilen und Worte während der letzten 30 Jahre entstanden sind.

Vor der Anerkennung der Rechte des palästinensischen Volkes, bevor die »neuen Historiker« in Erscheinung traten, vor der Ausstrahlung der Sendung »Wiederaufrichtung« (Tqumah – eine Fernsehserie, die auch das Leid der Palästinenser schilderte) warst du es, eine kleine, schöne Frau, beherzt wie sonst keine, die auf den glühend heißen Pfaden des Landes, das die Eroberung bewerkstelligte, die Wahrheiten über Gerechtigkeit und Recht gegen alle Hoffnung herausgeschrien hast. In abgelegenen Gefängnissen, in modrigen Militärgerichtshöfen, in den wohl bekannten und hasserfüllten Sälen des Obersten Gerichtshofes standest du – eine Menschenrechtsorganisation, die aus einer einzigen Frau bestand – und zitiertest geläufig und furchtlos aus dem Buch Jesaja, den internationalen Konventionen, den erhabenen Grundsätzen der Gleichheit und Brüderlichkeit.

Ich, meine Mitstreiterinnen und die verschiedenen Menschenrechtsorganisationen wie Journalisten und Friedensorganisationen schreiten jetzt mit größerer Leichtigkeit auf dem gepflasterten Weg voran, den du gegen alle Wellen feindseliger Animosität gebahnt hast, indem du erhobenen Hauptes Pionierarbeit geleistet hast. Internationale Anerkennung hast du schon erhalten, deine Bücher, die du auf Hebräisch geschrieben hast, wurden bereits in viele Sprachen übersetzt, den Alternativen Nobelpreis hast du schon verliehen bekommen. Gilt ein Prophet nichts in seinem Vaterland? In meinem Herzen bist du diejenige, die den israelischen La-Passionaria-Preis verdient, und vielleicht ist der Weg nicht mehr weit bis zu dem dir in Wahrheit zustehenden Israel-Preis.

Die Autorin dieser Laudatio ist Rechtsanwältin, die sich mit den Menschenrechten befasst. Der Text wurde von Dr. Anneliese Butterweck aus dem Hebräischen übersetzt.

Erläuterungen zum Tempelberg in Ostjerusalem
von Hans Lebrecht

Im Juni 1967 wurde der sich in der Jerusalemer Altstadt befindliche Tempelberg, einschließlich einem Überrest der traditionsgemäß für jüdische Gläubige »heiligen« Westseite des Schutzwalles des Salomonischen Tempels (960–687 v.u.Z.) und des 520 v.u.Z. neu erbauten Zweiten Tempels, der unter der Herrschaft von Herodes I. im letzten Jahrhundert v.u.Z. renoviert und dann von den Römern im Jahre 70 u.Z. zerstört wurde, von israelischen Truppen besetzt. Danach wurde dieser Komplex mit dem gesamten von Palästinensern bewohnten Ostteil der Stadt und seiner Vororte widerrechtlich und völlig einseitig in das Hoheitsgebiet von Israel einverleibt. Diese Annektion wurde von der gesamten Völkerfamilie und den Vereinten Nationen niemals anerkannt.

Die islamischen Heiligtümer werden, mit israelischer Genehmigung, von dem islamischen Sozialfonds WAQF verwaltet. Bei den Friedensverhandlungen ist und bleibt die Souveränität über die Altstadt und insbesondere des Tempelberges eine zentrale Streitfrage. Nebenbei bemerkt, das jüdische Oberrabbinat verbietet strenggläubigen Juden den Zutritt zu dem ummauerten Tempelberg, da bis heute nicht klar sei, wo genau das laut Bibelgesetzen für Gläubige unbetretbare »Allerheiligste« im Tempel gelegen hat. Außerdem sollte man wissen, dass auch zumindest zwei Jahrtausende vor der Eroberung durch die jüdischen Streitkräfte von König David vor etwa 3 000 Jahren die Stadt bei den eingeborenen Kanaanitern als »heilige Stadt des Friedens« (Jeru-Salaam el-Quds) galt und den Tempelberg schon vor König David ein Tempel von so genannten »Götzendienern« schmückte.

Die zentralen Punkte der Friedensinitiative von Jordanien und Ägypten im April 2001

- Die Umsetzung der Vereinbarungen von Scharm-el-Sheik vom Oktober 2000 und die Wiederherstellung der Status quo vom September 2000.

- Ein Ende der wirtschaftlichen, finanziellen und militärischen Blockaden in der Westbank, im Gazastreifen und in Jerusalem.

- Der Rückzug der israelischen Armee samt Panzern, gepanzerten Fahrzeugen, Waffendepots aus den palästinensischen Städten, Dörfern und Flüchtlingslagern. Beachtung des Verbots des Einsatzes international geächteter Waffen.

- Freigabe der Gelder, die Israel der Autonomiebehörde schuldet.

- Vertrauensbildende Maßnahmen, die vertraglich festgelegt, aber nicht umgesetzt wurden, darunter: Stopp des Siedlungsbaus und Schutz der islamischen und christlichen Heiligtümer.

- Neue Verhandlungen über alle noch ungelösten Fragen, zum Beispiel den Status von Jerusalem, die Frage der palästinensischen Flüchtlinge, die Siedlungen und Sicherheitsfragen.

Notiz zum Mitchell-Plan vom Juni 2001

Das Mitchell-Komitee, dem der frühere US-Senator George Mitchell vorstand, untersuchte die israelisch-palästinensischen Kämpfe und schlug vor, dass beide Parteien die Feindseligkeiten beenden, eine Abkühlungsphase einleiten und dann mit vertrauensbildenden Maßnahmen beginnen sollten, die schließlich zur Wiederaufnahme der Friedensverhandlungen führen würden.

Eine der Empfehlungen ist die Forderung, den israelischen Siedlungsbau einzufrieren.

Felicia Langer
Zorn und Hoffnung

Autobiographie

»In ihren sehr persönlichen Aufzeichnungen berichtet sie ... von Schicksalen ihrer Mandanten, schildert den täglichen Kampf und die demütigende Hilflosigkeit gegen die zunehmende Brutalität und Unmenschlichkeit der israelischen Militärs und der Justiz. Furchtbare, erschütternde Impressionen, wichtig gerade für die tabubeladene deutsche Nicht-Kritik an der israelischen Besatzungspolitik.« (Elisabeth Mair-Gummermann in: ekz-Informationsdienst)

»... ein eindringliches Plädoyer für Menschlichkeit, die unteilbar ist.« (Südwestpresse/Schwäbisches Tageblatt)

»Ein bewegendes Zeugnis ...« (Frauensolidarität, Wien)

»... ein erzählendes Zeugnis für Mut, Widerstand, Liebe innerhalb eines Unrechtssystems, das mit Panzern gegen Kinder kämpft, die mit Steinen ihre Befreiung zu erlangen suchen.« (Ute Hüttmann in: Junge Kirche)

»Felicia Langer verzichtet ... bewusst darauf, den Anspruch nach Vollständigkeit und Ausgewogenheit zu entsprechen. Ihr Buch ist vielmehr eine leidenschaftliche Anklage gegen das menschenverachtende Vorgehen der israelischen Besatzungs- und Siedlungspolitik; sie schrieb ihr Buch auch in der festen Überzeugung, dass dieser Teufelskreis von Gewalt, Demütigungen und Aufruhr ein Ende haben wird, in der Hoffnung, die israelische Regierung möge die Fehler ihrer Besatzungs- und Siedlungspolitik erkennen und nicht davor zurückschrecken, sie auch zu korrigieren.« (Godehard Weyerer in: Süddeutsche Zeitung)

Ein Buch aus dem Lamuv Verlag

Felicia Langer
Miecius später Bericht
Eine Jugend zwischen Getto und Theresienstadt

1947 hat Felicia Langer, die aus Polen stammende Jüdin, die vor den Nazis fliehen mußte, ihren späteren Mann kennengelernt, »den mageren Jungen mit gebräunter Haus«. Als einziger seiner Familie hatte er überlebt, die deutsche Okkupation in Polen. Die Nazis hatten ihn als Jugendlichen ins Konzentrationslager verschleppt, zunächst nach Plaszow, dann nach Tschenstochau, Buchenwald, seinem Außenlager Remsdorf, schließlich nach Theresienstadt.

»Miecius später Bericht« schildert »eine ganz gewöhnliche Geschichte des Holocaust«. Als Miecius Langer 1990 mit seiner Frau nach Deutschland kam, wurde er mit seiner eigenen Geschichte konfrontiert. Es hat eine lange Zeit gedauert, bis er bereit war, Zeugnis abzulegen.

»Mieciu ist kooperativ, aber die Arbeit ist schwierig: Die grauenhaften Geschichten sind für mich manchmal unerträglich«, schrieb Felicia Langer dem Verlag, als sie das zu Papier brachte, was ihr Mann erlitten hat.

Erschienen im Lamuv Verlag

Felicia Langer
Brücke der Träume
Eine Israelin geht nach Deutschland

1990, ein entscheidendes Jahr für Felicia Langer: Die weltbekannte Anwältin, die sich jahrzehntelang für die Rechte der Palästinenser in den besetzten Gebieten eingesetzt hat, schließt ihre Kanzlei in Jerusalem. Sie will damit dagegen protestieren, dass einem Volk jegliche Rechte verwehrt werden. »Es war der Frühling der Intifada 1990, voll Leid und Tränen, als ich zu helfen versuchte und so ohnmächtig blieb angesichts des Justizsystems, das sich in eine traurige Farce verwandelt hatte.«

Am 9. Dezember 1990, ihrem 60. Geburtstag, kann Felicia Langer den sogenannten Alternativen Nobelpreis entgegennehmen, den »Right Livelihood Award«, eine Auszeichnung für ihren »Kampf um grundlegende Menschenrechte unter sehr schwierigen Umständen«.

Seit 1990 lebt Felicia Langer in Deutschland. Hoyerswerda, Mölln, Rostock und Solingen lassen sie fürchten, dass hierzulande keine Lehren aus der »blutigen braunen Zeit« gezogen worden sind. Sie selbst ist hier angefeindet und bedroht worden von jenen, die nicht verstehen können, dass sie sich um ihres eigenen Volkes willen für die Palästinenser einsetzt. Sie ist als »Verräterin«, »Lügnerin« und »Feindin des jüdischen Volkes« beschimpft worden.

Den israelisch-palästinensischen Friedensprozess verfolgt Felicia Langer mit Skepsis. Trotzdem werde sie weiterhin versuchen, eine Brücke zwischen den beiden Völkern zu bauen – eine Brücke der Träume.

Felicia Langer
Wo Hass keine Grenzen kennt
Eine Anklageschrift

Die weltbekannte Anwältin hat das Massaker von Hebron untersucht, bei dem der jüdische Siedler Baruch Goldstein im Februar 1994 29 betende Palästinenser ermordete.

»Felicia Langer hat eine stichhaltige Anklageschrift verfasst.« (Reinhild Kahn in: Frankfurter Rundschau)

Erschienen im Lamuv Verlag